W0012732

**Gebrauchsanweisung
für Bali**

Thomas Blubacher

Gebrauchsanweisung für Bali

PIPER
München Berlin Zürich

Mehr Bäume.
Weniger CO₂.
www.cpibooks.de/klimaneutral

Mehr über unsere Autoren und Bücher:
www.piper.de

ISBN 978-3-492-27665-8
© Piper Verlag GmbH, München/Berlin 2015
© Thomas Blubacher, 2015
Karte: cartomedia, Karlsruhe
Satz: le-tex publishing services GmbH, Leipzig
FSC-Papier: Munken Premium von Arctic Paper
Munkedals AB, Schweden
Druck und Bindung: CPI books GmbH, Leck
Printed in Germany

Inhalt

Java

Bali

Gili-
Inseln

Flores-See

Sumbawa

Komodo

Flores

Lombokstraße Lombok

Sumbastraße

Sawu-See

INDONESIEN

BALI

Bali-See

Singaraja

Lovina

Gunung Batur

Batur-See

Kintamani

Trunyan

Bratan-See

Gunung Agung

Amed

Gilimanuk

West-Bali-

Pura Ulun
Danu Bratan

Pura Ulun
Danu Batur

Pura
Besakih

Tirtagangga

Nationalpark

Tampaksiring

Tenganan

Sayan

Ubud

Iseh

Candi Dasa

Pura Taman Ayun

Klungkung/
Semarapura

Padang Bai

Pura Tanah Lot

Denpasar

Indischer Ozean

Seminyak

Sanur

Legian

Kuta

Jimbaran

Tanjung Benoa

Nusa Penida

Nusa Dua

Pura Luhur Uluwatu

0   20 km

Das Lächeln der Balinesen

Hellgrün leuchtende Reisterrassen, über die seltsame bunte Vögel flattern. Farbenfrohe Opferprozessionen auf dem Weg zu alten Tempeln. Mit Alang-Alang-Gras gedeckte Hütten, daneben grasende Wasserbüffel. Traumhafte Strände, leuchtend weiß oder aus schwarzem Lavasand. Einige der besten Surf-, Schnorchel- und Tauchspots der Welt. Ruhige Bergseen mit Tret- und reißende Flüsse mit Schlauchbooten, Erdbeerfarmen und Palmenhaine, heilige Affen und riesige Würgeschlangen. Faszinierende Tänze, Kunst auf beinahe jedem Quadratzentimeter. Das alles begleitet von fremdartig klingender Gamelan-Musik. Und überall der Duft von Räucherstäbchen, Nelkenzigaretten und Millionen Blüten.

Bali ist eine traumhafte Urlaubsdestination für Backpacker und luxusverwöhnte Wellness-Touristen, für Kulturhungrige, Sinnsucher und Abenteurer, für Alleinreisende ebenso wie für Familien. Ich kenne kein Reiseziel, das vielfältigere Möglichkeiten bietet: Ob man die totale Entspannung sucht oder spirituelle Erlebnisse, sportliche Herausforderungen meistern, eine fremde Kultur kennenlernen oder die üppige tropische Natur genießen will – hier ist man richtig. Wer nach Bali kommt, kann zwischen primitiven Privatunterkünften und mondänen Designhotels wählen, zwischen einfachen Garküchen am Straßenrand und einigen der besten Restaurants ganz Asiens. Er kann sich entscheiden, ob er gemütlich durch sattgrüne Reisterrassen spazieren, durch Dschungel wandern oder aktive Vulkane erklimmen will, ob er im azurblauen Meer mit Delfinen schwimmen oder zwischen bunten Fischen tauchen, einen Yogakurs belegen, sich von einem Schamanen heilen oder in einem Wellness-Tempel verwöhnen lassen möchte, ob er jahrhundertealte Kultstätten oder moderne Shoppingmalls bevorzugt, eine Schattentheater-Aufführung oder ein Jazzkonzert, eine traditionelle Verbrennungszeremonie oder eine hippe Moonlight-Party.

Von der Westspitze bis zur Ostspitze misst Bali, die westlichste der Kleinen Sundainseln, knapp 145, von der Nordküste zur Südküste etwa 90 Kilometer. Mit 5561, inklusive vorgelagerter Inselchen 5632 Quadratkilometern ist es etwa 1,6-mal so groß wie Mallorca, aber wesentlich dichter besiedelt: Hier leben über vier Millionen Einwohner (das sind 4,6-mal so viele wie auf der Baleareninsel), und doch kann man fast menschenleere Regionen finden. Auf engstem Raum trifft man auf die unterschiedlichsten Vegetationszonen: Sandstrände und vorgelagerte Korallenriffe, Mangrovenwälder, tropische Tieflandregenwälder und Nebelwälder, mit Elefantengras oder Kakteen bewachsene Savannen, Bergwälder und Lavalandschaften – drei Viertel der Fläche bedecken Erhebungen vulkanischen Ursprungs. Die höchste ist mit 3142 Metern der noch aktive Gunung Agung, als Sitz der Götter der spirituelle Mittelpunkt des balinesischen Weltbilds. Nicht zuletzt aber sind es Kulturlandschaften, die die berauschend schöne Landschaft prägen: Die kunstvoll terrassierten Reisfelder gehören seit 2012 zum Weltkulturerbe der UNESCO.

Bali liegt in den sogenannten wechselfeuchten Tropen. Es ist warm hier, die Luft schwer und feucht, alles grünt und blüht geradezu verschwenderisch, und der Boden, so scherzt man, sei so fruchtbar, dass aus jedem Stock, den man in die Reisfelder werfe, ein Baum wachse. Wenn Sie den eisgekühlten Flughafen verlassen, werden Sie erst einmal schier erschlagen – doch keine Angst: Sie gewöhnen sich überraschend schnell an die klimatischen Verhältnisse. Das ganze Jahr über herrschen Tageshöchsttemperaturen um die 30 Grad, am angenehmsten ist es im Juli und August, am heißesten im April, und fast immer betragen die Unterschiede zwischen dem dampfenden Süden und den erfrischenden Bergregionen ein paar Grad. Die Regenzeit dauert von November bis März, die Trockenzeit von April bis Oktober. Statistisch verzeichnet man im Juli und August jeweils nur vier Regentage pro Monat, im Januar hingegen fällt fast täglich Niederschlag, in der Regel länger und heftiger, je näher man den Berghängen kommt. Ohnehin unterscheidet sich das Wetter an vielen Tagen von Dorf zu Dorf, und wer bei Sonnenschein zu einem Ausflug aufbricht, kann wenige Kilometer landeinwärts in einen heftigen Schauer geraten – der meist schnell wieder vorübergeht.

Auf Bali, so schwärmte in den 1920er-Jahren die westliche Welt, erlebe man die einzigartige Einheit glücklicher Menschen und tropischer Natur, die faszinierende Mixtur aus exotischer Spiritualität und Sinnlichkeit. In den Großstadtsalons träumte man sich angesichts von Bildern badender barbusiger Frauen und nackter junger Männer ins schwüle Tropenparadies. Richard Katz' Reisebuch »Heitere Tage mit braunen Menschen« wurde zum Bestseller – dass der Hamburger Buchhändler Felix Jud es dutzendfach in die Auslage legte, als er 1935 per Erlass dazu verpflichtet wurde, sein Schaufenster zu Hitlers Geburtstag zu dekorieren, sollte freilich nicht für Reisen nach Bali begeistern … Schon in den Dreißigerjahren, als sich zivilisationsmüde Aussteiger, Künstler und Intellektuelle auf Bali niederließen und die internationale High Society zur Stippvisite ins Paradies kam, begann leise der traurige Abgesang auf ein angeblich verschwundenes Eden, der dann während der nächsten Jahrzehnte mit jeder Besucherwelle lauter wurde. Davon gab es einige, von den Hippies und Surfern, die in den 1960er- und 1970er-Jahren Kuta für sich entdeckten, bis zu den sinnsuchenden Fans von »Eat, Pray, Love«, die in den 2000ern nach Ubud pilgerten.

Die Insel der Seligen habe durch die touristische Invasion ihre Seele verloren, liest man immer wieder, der Zauber sei verschwunden. Kamen 1985 erstmals über 200 000 Besucher, waren es 1995 bereits über eine Million. In diesem Jahr fuhr ich zum ersten Mal nach Bali, doch war die bei Pauschaltouristen so beliebte Insel gar nicht mein eigentliches Ziel: Mehrere Wochen lang war ich in Indonesien unterwegs, wanderte auf Sumatra durch den Nationalpark Gunung Leuser, um Orang-Utans in freier Wildbahn zu erleben, durchquerte per Bus einen Großteil der Insel Java und flog von dort weiter nach Sulawesi, um die faszinierende Kultur der Toraja zu erleben. Vom anschließenden Aufenthalt auf Bali versprach ich mir eigentlich nicht mehr als einen erholsamen Ausklang der anstrengenden Indonesien-Reise. Ein paar Tage am Strand, dazwischen geruhsame Ausflüge zu pittoresken Tempeln, während des Abendessens die eine oder andere Tanzvorführung – nichts also, so glaubte ich, was mit meinen spektakulären Eindrücken der vergangenen Wochen auch nur ansatzweise konkurrieren könne. Etwas jedoch hat mich auf Bali ergriffen, nicht gleich am ersten Tag, aber sehr rasch. Ergriffen und nie mehr losgelassen. Etwas, das ich mir damals nicht erklären, das ich nicht einmal in Worte fassen konnte. Ich fühlte mich, als ob ich am Ziel angekommen oder nach einer langen Zeit in der Fremde wieder nach Hause zurückgekehrt wäre. Es war ein Gefühl der Geborgenheit, der Sicherheit, der Ruhe. Ein Zustand wunschlosen Glücks. Wieder in Deutschland, genügten ein paar Takte Gamelan-Musik, um dieses eigenartige, einzigartige Gefühl wachzurufen. Ich hatte Sehnsucht nach Bali. Ich war verliebt in die Insel, wollte sie wiedersehen, ihre Bewohner kennenlernen, ihre Kultur verstehen. Und bin seither immer wieder dorthin zurückgekehrt. Staunend und begeistert wie eh und je.

Schon vor zwanzig Jahren traf ich viele, die Balis Wandel beklagten, und natürlich habe auch ich bei jedem Aufenthalt weitere Veränderungen registriert. Im Jahr 2009 reisten erstmals mehr als zwei Millionen ausländische Touristen nach Bali, 2013 über drei Millionen, längst ist die Insel eine Topdestination des organisierten Massentourismus. Selbstverständlich sind die negativen Spuren dieser Besucherströme nicht zu übersehen, in manchen Ferienorten könnte man meinen, man befinde sich am Ballermann oder in Pattaya, und wer die Touristenenklaven nicht verlässt, wird es schwer haben, die Magie eines nach wie vor faszinierenden Reiseziels zu entdecken. Denn trotz allem hat Bali seinen eigenen Rhythmus und seine einzigartige Kultur bewahrt. In den balinesischen Dörfern des Hinterlandes verläuft das Leben auch weiterhin in jahrhundertealten Bahnen.

Glauben Sie mir: Die Insel der Götter ist noch immer göttlich. Und genau das ist das Wunder von Bali.

Darüber wundern, dass Bali touristisch perfekt erschlossen ist, wird sich indes wohl niemand angesichts der jährlich mittlerweile vier Millionen ausländischen und mehr als sechs Millionen indonesischen Besucher (von denen besonders viele während des Ramadan kommen). So kann man sich, auch wenn man weder Balinesisch noch Bahasa Indonesia spricht, nahezu überall auf Englisch verständigen – eher selten allerdings auf Deutsch. Die Spitze der internationalen Reisenden bilden die Australier, die am liebsten im Juni und Juli sowie zwischen Oktober und Dezember hier Urlaub machen, schließlich liegt das sattgrüne Eiland gerade mal 1700 Kilometer von ihrer Heimat entfernt. Seit Kurzem werden sie dicht gefolgt von den Chinesen, die besonders im Februar, wenn das chinesische Neujahr gefeiert wird, anrücken, übrigens fast ausnahmslos in großen Gruppen, während die Japaner individuell unterwegs sind, vorwiegend im April und Mai. Immerhin 100 000 Deutsche jährlich machen sich vor allem zwischen August und Oktober auf die gut 11 000 Kilometer weite Reise nach Bali, aus der Schweiz kommen beachtliche 30 000 Gäste, die meisten von ihnen im Juli, hingegen reisen bislang lediglich 13 000 Österreicher per annum nach Bali.

Es erstaunt also nicht, dass in Kuta Eisbein mit Sauerkraut offeriert wird, in Legian Käsefondue und in Ubud Vollkornbrot. Ebenso wenig, dass man in Safariparks auf Elefanten reiten kann, die eigens zu diesem Zweck aus Sumatra importiert werden, und sogar auf Kamelen, die in Indonesien nun weiß Gott nichts verloren haben, schließlich lebt man von vergnügungssüchtigen Touristen. Nicht einmal über Freizeitangebote wie die »Bali Paintball Arena« muss man sich wundern. Ob es sich bei diesem Schießen auf andere Menschen um Körperkultur handelt, sei dahingestellt, und demjenigen, der ohnehin jede Art von Sport für Mord hält, sei versichert, dass es auf Bali vom Riverrafting über das Quadfahren bis zum Paragliding unzählige Möglichkeiten gibt, zu Tode zu kommen. Nein, im Ernst: Es existiert ein schier unendliches Angebot an sportlichen Aktivitäten, Golfer und Angler kommen ebenso auf ihre Kosten wie Mountainbiker und Jetski-Fans. Okay, Schlittschuhlaufen in tropischer Hitze lässt sich noch nicht, doch was in Singapur bereits möglich ist, wird auch hier nicht mehr lange auf sich warten lassen.

Ansonsten kann man auf Bali beinahe alles überhaupt nur Denkbare essen, unternehmen, kaufen, sehen und erleben. Das ist einerseits gut so. Andererseits: Man muss das nicht tun. Man kann auch einfach darüber staunen, dass der touristische Trubel bislang kaum eine Auswirkung auf die traditionelle Lebensweise der Balinesen hatte. Resilienz nennen Psychologen die Widerstandskraft und Toleranz gegenüber Störungen, die Fähigkeit, mit Veränderungen umzugehen und Krisen zu bewältigen. Bali scheint sehr viel mehr zu ertragen als andere vom Virus des Massentourismus befallene Destinationen, vermag sich immer wieder neu zu erfinden und sich zugleich treu zu bleiben. Achtsam modifiziert man das Überlieferte, integriert behutsam das Fremde und zerbricht nicht am Konflikt zwischen Tradition und Moderne. Selbst mitten im kollabierenden Verkehr der Hauptstadt sieht man Menschen in ritueller Kleidung bei zeremoniellen Handlungen – und fühlt sich sogleich in eine andere Welt versetzt. Selbst dort, wo international genormtes, styroporverpacktes Junkfood über die Theke geschoben wird, liegen am Eingang einige mit Hingabe aus Palmblattstreifen und Bananenblättern geflochtene, mit Blumen, Reis und Räucherstäbchen bestückte Opferschälchen, die die Götter gütig stimmen sollen.

Bali ist eine hinduistische Enklave im islamisch geprägten Vielvölkerstaat Indonesien, zu dem, ganz nach der Devise »Einheit in der Vielfalt«, der IT-Spezialist in der Millionenmetropole Jakarta ebenso gehört wie der scheinbar in der Steinzeit lebende, mit einer Penishülle aus getrocknetem Flaschenkürbis bekleidete Bewohner des Baliem-Tals. Auf der Insel der Götter und Dämonen bekennen sich 92 Prozent der Einwohner zur Hindu-Dharma-Religion, der lokalen Form des Hinduismus, die vom animistischen Glauben durchdrungen ist und auch Agama Tirtha genannt wird, »Religion des Wassers«. Das wegen der Besucherströme inzwischen kostbar gewordene Nass gehört als unverzichtbarer Bestandteil zu den meisten Zeremonien – kein Wunder, angesichts der immens wichtigen Rolle, die es für den Anbau von Reis spielt, dem Hauptnahrungsmittel Balis. Verehrt werden in offiziell mehr als 10 000, de facto wohl 20 000 Tempeln neben der hinduistischen Trinität von Brahma, dem Schöpfer, Vishnu, dem Bewahrer, und Shiva, dem Zerstörer, unzählige weitere Götter, Geister und Dämonen, die Ahnen und sogar Buddha, der aber nur den Status einer zweitrangigen Gottheit besitzt. Auch die Natur ist »beseelt«, Steine, Flüsse, Tiere und Pflanzen sind durch das Übernatürliche belebt; neben der physischen Welt, *sekala*, existiert eine unsichtbare geistige, *niskala* genannt. Jeder Seinsform wird Bedeutung zugemessen, jedes Subjekt, jedes Objekt in kosmischem Bezug gesehen, jedes Ding und jedes Wesen besitzt seinen Platz, hat seinen Sinn und Zweck.

Als Bali Teil der Republik Indonesien wurde, die im Sinne des ersten Grundsatzes der Staatsphilosophie *pancasila* nur monotheistische Religionen anerkennt, einigten sich die balinesischen religiösen Organisationen darauf, ihre Glaubensvorstellungen zu vereinheitlichen und diese Religion Agama Hindu Bali zu nennen – 1958 wurde sie anerkannt und erhielt einen Sitz im indonesischen Religionsministerium: Offiziell werden all die Götter und Dämonen als Manifestationen eines einzigen, allmächtigen Gottes (oder vielleicht besser: göttlichen Prinzips) namens Sanghyang Widhi Wasa oder Sang Hyang Widi Wasa angesehen – lassen Sie sich von den unterschiedlichen Schreibweisen vieler Namen und Orte, die gleichzeitig in Gebrauch sind, nicht verwirren. Die Religion ist auf Bali ein ganz selbstverständlicher Teil des Alltags. Sie ordnet das Leben nicht nur des Einzelnen und seiner Familie, sondern auch das der Dorfgemeinschaft und zahlloser Vereinigungen. Religion und soziale Ordnung bilden ein untrennbares Ganzes. Und so ist die Teilnahme an religiösen Zeremonien und Tempelfesten für jeden Balinesen Pflicht, will er den göttlichen Schutz für seine Familie und sein Ansehen in der Gemeinschaft nicht gefährden.

Neben Riten und Ritualen, die die Götter gnädig stimmen und die Dämonen besänftigen sollen, prägen das Leben der Balinesen auch die Künste – obschon die balinesische Sprache den Begriff »Kunst« nicht einmal kennt. Kunst gehört hier zum Leben wie Luft oder Wasser, beinahe jeder ist auch Maler, Holzschnitzer, Steinbildhauer, Musiker – oder Tänzer. Wer beobachten kann, wie der Barong, ein mystisches Wesen, das die guten Kräfte symbolisiert, im Tanz mit der bösen Hexe Rangda ringt und so das Gleichgewicht zwischen Gut und Böse neu ausbalanciert, erfährt viel von der spirituellen Kraft der Kunst. Die Gamelan-Musik schließlich prägt Melodie und Rhythmus des gesamten balinesischen Lebens, ganz selbstverständlich scheinen die Menschen ihr zu folgen.

Ich reise seit zwanzig Jahren regelmäßig nach Bali. Und bin mehr denn je der Überzeugung, dass man dort gar keine andere Wahl hat, als jeden Tag von Neuem erstaunt und ergriffen zu sein von der Freundlichkeit der Balinesen, von ihrer Geduld und ihrer Toleranz – und ihrer Begabung zum Glücklichsein. Ob als Pauschaltourist auf der wohlorganisierten Suche nach Erholung, als krisengebeutelter Sinnsu-

chender, bildungshungriger Individualist oder abenteuer-
lustiger Backpacker – wer sich auf Bali einlässt, erfährt etwas
von diesem tiefen, existenziellen Glück. Versteht, warum
die Balinesen so oft lächeln. Wird immer wieder dorthin
reisen wollen. Und freudig erleben, dass dieses Paradies nicht
verloren ist.

Füße waschen verboten!

Einst gab es nur eine einzige Möglichkeit, auf die Insel der Götter und Dämonen zu gelangen: Man bestieg den »Schweineexpress«, einen Dampfer, der Singapur mit schlachtreifen Tieren aus Bali versorgte und auf dem Rückweg geruchsunempfindliche Passagiere mitnahm. Erst von 1924 an verband ein wöchentlich verkehrendes Dampfschiff die javanische Stadt Batavia, also das heutige Jakarta, mit Makassar auf Celebes, wie die Insel Sulawesi damals hieß. Unterwegs legte der holländische Dampfer, den der Volksmund aus Gewohnheit weiterhin »Schweineexpress« nannte, jeweils am Freitagmorgen im balinesischen Buleleng an, eine Handvoll Touristen ging von Bord und bestieg das Schiff nach zweieinhalb Tagen wieder, wenn es sich auf dem Rückweg befand.

Heute haben Sie die Wahl.

Der beschwerlichste Weg ist die vielstündige Anreise per Bus und Fähre aus Java. In diesem Fall sind Sie vermutlich Backpacker, deutlich unter dreißig und haben bereits einige zehrende Wochen in diversen südostasiatischen Ländern verbracht. In Ihrem Rucksack führen Sie zwei zerschlissene

T-Shirts und eine Hose zum Wechseln mit sich – Unterwäsche wird bekanntlich überschätzt –, dazu mäßig wirksames Mückenspray, eine stylishe Sonnenbrille vom Nachtmarkt in Chiang Mai und die Kreditkarte, die Ihnen Ihre besorgten Eltern für Notfälle mitgegeben haben. Außerdem ein Smartphone und einen in Goa erstandenen Sarong, den Sie auch als Strand- und Handtuch benutzen, und um die mit dubiosen Flecken besprenkelten Matratzen der Homestays abzudecken. Ach ja, und vielleicht noch »The Beach« von Alex Garland. Eine »Gebrauchsanweisung für Bali« haben Sie leider nicht mit, schließlich konnten Sie beim Aufbruch in Bielefeld noch nicht ahnen, wohin es Sie verschlägt.

Landen Sie als Kreuzfahrtpassagier im Hafen von Benoa, verfrachtet man Sie höchstwahrscheinlich in einen klimatisierten Bus mit der Aufschrift »Pariwisata«. Man fährt Sie zu einem fotogenen Tempel und präsentiert Ihnen in einem Dorf, dessen Namen Sie sich nicht merken müssen, einen Tanz, dessen Namen Sie gleich wieder vergessen. Vielleicht haben Sie sich stattdessen auch für Ausflug 7 zum »Bali Bird Park« entschieden oder die Riverraftingtour mit der Nummer 13 gebucht, in jedem Fall aber bringt man Sie rechtzeitig zum Dinner zurück zum Schiff. Tags darauf bedarf es, während Sie auf dem Sonnendeck eine eisgekühlte Bloody Mary schlürfen, Ihrer vollen Konzentration, den Schnappschüssen die korrekte Beschreibung hinzuzufügen, bevor Sie sie auf Facebook posten (Sie sind zwar keine dreißig mehr, aber schließlich nicht von gestern). Schatz, der Tempel im Sonnenuntergang, war das auf Bali oder Ko Samui? Egal, die Freunde werden's liken. Dafür benötigen Sie nicht unbedingt eine »Gebrauchsanweisung«.

Die Anreise über den Wolken ist selbstverständlich die schnellste, wobei wir hier noch immer über 16 oder mehr Stunden reine Flugzeit sprechen. Direkt wird Denpasar aus deutschsprachigen Ländern nicht mehr angeflogen, und ist man nicht von Amsterdam aus mit der staatlichen Garuda Indonesia unterwegs, legt man zwangsläufig einen zwei- bis vierstündigen Stopp in Bangkok, Doha, Kuala Lumpur, Singapur, Hongkong oder Taipeh ein. Die Maschinen von Thai Airways oder Singapur Airlines sind komfortabel, der Service ist erstklassig und das Entertainmentprogramm ebenso attraktiv wie die Flugbegleiterinnen. Auch das erforderliche Umsteigen ist kein Nachteil. Das Vertreten der Beine vergrößert die Chance, thrombosefrei ans Ziel zu kommen, und die Zeit vergeht schnell. Besonders in einem monströs großen Flughafen wie dem Suvarnabhumi Airport in Bangkok, wo allein schon der Weg durch den neuerlichen Securitycheck zum Boardinggate eine halbe Stunde in Anspruch nimmt und zudem kilometerlange Shoppingarkaden sowie unzählige Restaurants locken. Sie sollten im Voraus überdies die Möglichkeit bedenken, eines der attraktiven Stopover-Programme zu buchen, ein günstiges Komplettpaket aus Transfers und ein bis drei Hotelübernachtungen. Jede der genannten Städte lohnt einen solchen Kurzaufenthalt.

Die letzte Teilstrecke ist dann im Vergleich zur ersten von erträglicher Länge, der Anflug auf Bali dank der bis ins Wasser gebauten Landebahn des Ngurah Rai International Airport spektakulär. Dass wie im Jahr 2013 eine Boeing 737–800 die Runway verfehlt und im Meer landet, stellt eine seltene Ausnahme dar – mit glimpflichem Ausgang übrigens, es gab nur Verletzte. Benannt ist der beim Ort Tuban, 13 Kilometer entfernt von der Hauptstadt Denpasar gelegene Flughafen nach dem 29-jährigen Oberstleutnant I Gusti Ngurah Rai. Er ließ am 20. November 1946 im Unabhängigkeitskampf gegen die Niederländer in einem *puputan*, einem Akt der Selbstaufopferung in hoffnungsloser Lage, sein Leben. Per Präsidentschaftsdekret No. 063 / TK / Tahun 1975 wurde er zum Nationalhelden erhoben, sein Konterfrei schmückt den 50 000-Rupiah-Schein.

Parkt Ihr Flugzeug auf dem Vorfeld, erleben Sie einen zweifachen Klimaschock, wenn Sie bei über 30 Grad und – je nach Reisezeit – knapp 100 Prozent Luftfeuchtigkeit kurz vor dem Kollaps die Treppe hinabstiegen und gleich darauf im Bus, der Sie zum Terminal fährt, schockgefrostet werden. Dockt Ihr Flieger an, erahnen Sie die balinesischen Temperaturen nur kurz auf der Fluggastbrücke, über die Sie das Ende 2013 neu eröffnete, klimatisierte Terminalgebäude betreten, und es dauert noch, bis Sie der erste Schwall feucht-warmer Luft trifft. Ein wenig trauere ich dem alten Flughafengebäude nach, das nun zur Abfertigung der Inlandsflüge dient, es hatte mehr landestypisches Flair als die äußerst großzügigen, aber gesichtslosen neuen Hallen. Ihr Bau war angesichts rapide steigender Fluggastzahlen unerlässlich; nun ist man für bis zu 25 Millionen Passagiere jährlich gerüstet. Auch scheinen die Einreiseformalitäten im neuen Terminal schneller vonstatten zu gehen. Bestenfalls benötigt man von der Landung bis zur Kofferausgabe nicht länger als eine halbe Stunde.

Viele Passagiere verspüren indes nach der Ankunft zunächst einmal das Bedürfnis, mit einer lokalen Sanitäreinrichtung Bekanntschaft zu schließen. Das ist erleichternd, zugleich aber auch eine optimale Gelegenheit, sich erster kultureller Unterschiede bewusst zu werden. Wer je in einer gemischtgeschlechtlichen Wohngemeinschaft gelebt hat, kennt diese Piktogramme, die den Mann domestizieren und das stehende Urinieren untersagen. Auf Bali findet sich eine ähnliche Anleitung, allerdings sowohl in den für Damen reservierten Toiletten (angeschrieben mit *wanita*) als auch in denen für Herren (beschildert mit *pria*). Das erste – sexuell nicht ausdifferenzierte – Strichmännchen sitzt, wie wir das kennen, auf der Toilette und zeigt so *penggunaan yang benar*, den richtigen Gebrauch. Mit den Worten *penggunaan yang salah*, »falsche Verwendung«, ist das nächste Bild unterschrieben: Nun hockt das Strichmännchen mit den Füßen auf dem Rand über der Porzellanschüssel. Unter einem dritten Piktogramm liest man *dilarang mencuci kaki de kloset*, und während *kloset* tatsächlich mit Klosett übersetzt werden kann, bedeutet das Wort *kaki* erstaunlicherweise Fuß. Das Schild verbietet, die unteren Extremitäten in der Toilettenschüssel zu waschen. Möglich wäre das, der abgebildete Wasserschlauch existiert. Wenn Sie sitzen, hängt er zu Ihrer Rechten, während Sie links mit etwas Glück einen Halter mit dünnem, nicht sehr reißfestem Toilettenpapier finden – ein Zugeständnis an Touristen. Traditionell besteht die balinesische Toilette nämlich aus einem Loch am Boden, das zu beiden Seiten mit gerillten Fußständen versehen ist. Den Rücken zur Wand, den Kopf zur Tür, hockt man sich darüber. Hat man das Geschäftliche erledigt, schöpft man mit einer Plastikkelle Wasser aus einem gemauerten Becken oder einem Plastikeimer, und zwar mit der rechten Hand. Die linke benutzt man zur Säuberung – und genau aus diesem Grund nie, aber auch wirklich nie, beim Essen. Generell wird eine solche Toilette auch zur Körperreinigung verwendet, man steigt aber keineswegs in das Becken und verunreinigt das Wasser mit Seife und Schmutz, sondern übergießt sich mithilfe der Kelle von Kopf bis Fuß. Keine Angst, konnte man vor zwanzig Jahren außerhalb der Luxushotels kaum irgendwo eine westliche Toilette finden, ist es eher unwahrscheinlich, dass Sie heute noch auf eine traditionelle *kamar kecil* treffen. Auch auf die vertraute Dusche oder Badewanne müssen Sie in Ihrem Urlaub nicht verzichten.

Doch zurück in das Ankunftsgebäude des Flughafens. Sind die dringlichsten Bedürfnisse befriedigt, begeben Sie sich in der mit imposanten Säulen gegliederten Halle zu einem von mehreren Schaltern, an denen die Einreisegebühr entrichtet wird. Sie können in verschiedenen Währungen und mittlerweile sogar mit Kreditkarte bezahlen, doch am schnellsten geht es, wenn Sie 35 US-Dollar in bar bereithalten. Bei der Ausreise werden dann noch einmal 200 000 Rupiah fällig, die Sie am besten gleich nach dem ersten Geldwechsel beiseitelegen.

Mit der Quittung stellen Sie sich vor einem der Einreiseschalter an. Sie zeigen Ihren Reisepass vor, der unbedingt eine freie Seite enthalten und noch mindestens sechs Monate gültig sein muss, sowie die im Flugzeug mit Ihren persönlichen Daten und Ihrer (oder wenigstens irgendeiner) lokalen Adresse ausgefüllte weiße »Arrival Card«. Bei Nachfrage sollten Sie die geplante Rück- oder Weiterreise belegen, also das entsprechende Flugticket vorzeigen können. Das ganze Prozedere verläuft recht schnell und unkompliziert, denn die Balinesen pflegen weder eine religiöse Hingabe an die Bürokratie wie die Inder, noch sehen Sie in jedem Gast einen potenziellen Terroristen wie die Amerikaner. Im Gegenteil, ein aller Wahrscheinlichkeit nach freundlich lächelnder Mitarbeiter heißt Sie als Gast willkommen. Er erteilt Ihnen ein »Visa on Arrival« für 30 Tage (Vorsicht: der Einreisetag zählt bereits als erster davon), klebt die entsprechende Bescheinigung in Ihren Pass und legt einen abgetrennten Abschnitt der »Arrival Card« dazu, den Sie sorgfältig aufbewahren sollten. Sie müssen ihn bei der Ausreise wieder abgeben. Eine einmalige Verlängerung des Touristenvisums für weitere 30 Tage ist später möglich, planen Sie jedoch einen längeren Aufenthalt, müssen Sie sich im Vorfeld der Reise um die entsprechende Genehmigung bemühen, ebenso, wenn Sie zu anderen als rein touristischen Zwecken unterwegs sind. Überziehen Sie die Visumsdauer, wird das keineswegs als Lappalie betrachtet, bestenfalls drohen 20 US-Dollar pro Tag, schlimmstenfalls fünf Jahre Haft! Apropos: Das Kerobokan-Gefängnis ist berüchtigt. Man werde dort mit einem Dutzend anderer Gefangener in eine enge Zelle eingesperrt, hört man, regelmäßig laufe die Toilette über, und nachts liefen Ratten über die Schlafenden. Die leichteste Möglichkeit, den Hygienestandard dort persönlich zu überprüfen, stellt die Einfuhr von Drogen dar, schon kleinste Mengen reichen aus. Als 2010 ein unheilbar an Krebs erkrankter Tierpfleger aus Berlin mit 4,9 Gramm Marihuanasamen erwischt wurde, die er zur Schmerztherapie benötigte, forderte der Staatsanwalt acht Jahre Gefängnis. 2005 erregte der Fall einer 27-jährigen Australierin Aufsehen, in deren Surfbrett die Zollbeamten 4,2 Kilo Cannabis entdeckten. Vergeblich beteuerte sie, man habe ihr das Zeug am Flughafen unbemerkt zugesteckt; sie wurde zu zwanzig Jahren Gefängnis verurteilt. Schlimmstenfalls droht bei Drogenvergehen sogar der Tod durch Erschießen.

Verboten ist überdies die Einfuhr von Waffen und pornografischem Material, anmeldepflichtig sind Pflanzen, Tiere und frische Früchte. Die entsprechende Erklärung haben Sie ebenfalls schon im Flugzeug ausgefüllt und geben Sie, sobald Sie die Koffer vom Gepäckband geholt haben, am Zoll ab. Ist das gesamte Gepäck durchleuchtet und bei Verdacht durchsucht, haben Sie die Einreise geschafft. Die Anreise allerdings ist noch nicht zu Ende, denn bis Sie sich jetlaggeschädigt im Hotelbett, am Strand oder am Pool von den Strapazen erholen können, dauert es noch ein bisschen. Ins nahe Jimbaran benötigen Sie mit dem Auto zwar nur eine gute Viertelstunde und nach Kuta nicht wesentlich länger, bis Ubud jedoch sind es, je nach Verkehrsaufkommen, anderthalb bis zwei Stunden Fahrtzeit, nach Candi Dasa oder Lovina noch etwas mehr.

Erst einmal aber befinden Sie sich nach Passieren des Zolls in einem Teil der Flughafenhalle, der durch eine etwa ein Meter hohe Glaswand vom öffentlich zugänglichen Bereich getrennt ist. Dort warten mindestens fünfzig Balinesen, die Schilder mit den Namen der Gäste oder Reiseveranstalter hochhalten. Falls Ihr Transfer bereits durch das Hotel oder den Urlaubsanbieter organisiert wurde, müssen Sie nur noch Ihren Namen und so Ihren Fahrer finden und versuchen, sich dessen Gesicht einzuprägen. Gleich nach der Begrüßung werden Sie nämlich wieder getrennt. Ihr Weg ins Freie führt Sie zwangsweise durch einen Duty-free-Shop mit dem üblichen Sortiment. Vermutlich werden Sie im Ameisenhaufengewühl der Halle Ihre neue Bekanntschaft nicht wiedererkennen. Zumindest anfangs sind in Ihren Augen alle Balinesen eineiige Zwillinge. Doch können Sie sich darauf verlassen, dass Ihr Fahrer Sie findet. Kurz darauf gleiten Sie in seinem klimatisierten Minivan durch die Hitze, oder vielleicht auch durch einen sintflutartigen Regenguss, in jedem Fall aber durch ein geradezu groteskes Verkehrschaos.

Ohne organisierten Transfer benötigen Sie erst einmal einheimisches Geld. Da der Wechselkurs in Europa wesentlich ungünstiger ist als vor Ort, besitzen Sie vermutlich noch keine Rupiah und müssen eine der Wechselstuben im Flughafen aufsuchen – auch wenn der Umtausch in den Touristenorten noch vorteilhafter wäre. Grundsätzlich ist Vorsicht angezeigt. Vergleichen Sie den Kurs, der durchaus um ein paar Prozent differieren kann, achten Sie aber bei besonders guten Konditionen darauf, dass der »Moneychanger« keine Kommission verlangt. Gelegentlich verwenden Wechsler manipulierte Taschenrechner; rechnen Sie mithilfe Ihres Smartphones nach oder tauschen Sie eine glatte Summe, deren Gegenwert Sie im Kopf überschlagen können. Da mitunter aus den vorgezählten Scheinen die unteren wie von Zauberhand verschwinden, sollten Sie sich die Zeit nehmen, die erhaltenen Rupiah nachzuzählen. Fast überall auf Bali finden Sie zudem Automaten, aus denen Sie Bargeld ziehen können – informieren Sie sich vorab bei Ihrer Bank über die anfallenden Gebühren, deren Höhe beträchtlich sein kann, und klären Sie, ob Ihre Maestro-Karte für Indonesien überhaupt freigeschaltet ist. Beachten sollten Sie auch, dass der Höchstbetrag an den Automated Teller Machines, kurz ATMs, in der Regel auf umgerechnet etwa 100 Euro limitiert ist – wollte man einen 14-tägigen Hotelaufenthalt in bar bezahlen, müsste man die ATM-Kabine also täglich aufsuchen. Übrigens benötigen Sie die PIN auf Bali vielerorts nicht nur zum Abheben von Geld, sondern auch beim Bezahlen mit Ihrer Kreditkarte.

Sind Sie nun im Besitz von Rupiah, hat sich Ihr Traum erfüllt, und Sie dürfen sich – ohne den Einsatz von Telefonoder Publikumsjoker – Millionär nennen: Anfang 2015 entsprachen 100 Euro etwa 1 500 000 Rupiah. Entscheiden Sie sich für eine Stückelung in 1000er-Noten, können Sie zwar wie Dagobert Duck in den allerdings meist schmutzigen Scheinen baden, müssen aber ganze Geldbündel mit sich schleppen. Der praktischste, weil größte Schein ist also die rosafarbene 100 000-Rupiah-Note, die gut vom blauen 50 000er und dem grünen 20 000er zu unterscheiden ist, in der Hektik allerdings leicht mit dem violetten 10 000er verwechselt werden kann – mit dem Sie gerade mal eine Dose Cola erstehen können. Viele Banknoten zu 5 000, vor allem aber zu 2000 und 1000 Rupiah sind kurz vor dem Zerfallen, diejenigen zu 500 oder 100 Rupiah nahezu aus dem Umlauf verschwundenen, ebenso die fast wertlosen Münzen zu 200, 100, 50 und 25 Rupiah. Gebräuchlich sind nur noch solche zu 1000 und 500 Rupiah. In Supermärkten erhalten Sie als Wechselgeld statt kleiner Beträge häufig Bonbons.

Auf der Suche nach einer Transportmöglichkeit sollten Sie sich am Flughafen keinem jener Schreihälse anvertrauen, die mit »Taxi!«-Rufen Kunden ködern, um sie am Fahrtziel mit Fantasiepreisen abzuzocken. Begeben Sie sich besser zum offiziellen »Taxi Service«-Schalter und kaufen dort einen Coupon zum festgelegten Preis. Damit gehen Sie dann zu den wartenden Fahrzeugen. Natürlich besteht auch die Möglichkeit, ein Auto zu mieten, doch erfordert das über den internationalen Führerschein hinaus entweder ein reißfestes Nervenkostüm und ein gerüttelt Maß an Wagemut oder eine ausgeprägte Todessehnsucht. Zudem kommt es, rechnet man das Benzin und die Versicherungen hinzu, nur unwesentlich teurer, einen Wagen samt Fahrer zu mieten; auch ist man dann im Schadensfall aller Sorgen ledig. Die Preise steigen zwar seit Jahren, doch dürften Sie je nach persönlichem Verhandlungsgeschick für 40, 50, höchstens 60 Euro einen Englisch radebrechenden Fahrer finden, der Sie mit seinem bequemen und natürlich klimatisierten japanischen Automobil vom Hotel abholt, einen ganzen Tag lang zu den gewünschten Zielen kutschiert und zugleich als Guide fungiert. Stellt man das von Anfang an klar, verzichtet er sogar auf die Zwangsshoppingtour in das Schmuckgeschäft seines Bruders.

Beabsichtigen Sie jedoch unbeirrt, sich selbst ins balinesische Verkehrschaos zu stürzen, demgegenüber der römische Verkehr eher beruhigend wirkt, sollten Sie ein paar Dinge beachten. Der ungewohnte Linksverkehr stellt für viele Lenker kein unlösbares Problem dar, doch ist das Rechtsabbiegen angesichts der nicht nur während der Rushhour verstopften Straßen eine Herausforderung. Viele Balinesen fahren deshalb so lange geradeaus, bis ein U-Turn das Wenden auf die Gegenspur ermöglicht, von der sie dann auf dem Rückweg links einbiegen können. Vor allem im dicht besiedelten Süden Balis gibt es mehrspurige Straßen. Zwei Bahnen pro Richtung bedeuten, dass drei bis fünf Fahrzeuge parallel unterwegs sind: Mal überholt ein Pkw zwei nebeneinanderfahrende Limousinen oder Pick-ups, und zwar wahlweise links, mittig oder rechts, meist aber finden sowohl neben als auch zwischen den Autos die geradezu heuschreckenschwarmartig auftretenden Motorräder Platz. Erstaunlicherweise scheint das Fahrrad nicht zu den Hinterlassenschaften der holländischen Kolonialherren zu zählen. Während Amsterdam als Fahrradmetropole glänzt, schätzt man auf Bali das Zweirad nur motorisiert. Das mag dem Recht des Stärkeren geschuldet sein, das auf hiesigen Straßen gilt und ganz eindeutig die Kaste der Bus- und Lkw-Fahrer privilegiert.

Im Gegensatz zu früher befördern die meisten Motorräder und -roller abgesehen vom Fahrer allenfalls eine weitere Person auf dem Sozius. Und in der Regel bevorzugen beide den geschützten Verkehr, kommen also der staatlich verordneten Helmpflicht nach, tragen indes weder Lederjacke noch Nierengurt, sondern T-Shirts, Shorts und Flipflops. Mitunter balancieren jedoch auch heute noch fünfköpfige Familien samt Einkäufen zirkusreif auf einem Gefährt. Und sollten vor Ihnen zwei Mopedfahrer in konstantem Abstand nebeneinander unterwegs sein, ist es ratsam, die Schaufensterscheibe, die sie zwischen sich transportieren, zu beachten.

In diesem Fall könnten funktionierende Bremsen von Vorteil sein, ansonsten ist eher das Betätigen einer Hupe angesagt. Balinesen signalisieren damit, dass sie überholen wollen oder dass der andere sie überholen kann oder dass der andere nicht überholen soll. Mit lautem Signal kündigen sie an, dass sie in eine Straße einbiegen möchten oder dass sie nicht bereit sind, einen anderen einbiegen zu lassen.

Kurz: Durch pausenloses Hupen versichern sich balinesische Verkehrsteilnehmer ihrer Existenz: *bucino ergo sum*. Ampeln betrachten Balinesen als freundliche Empfehlungen. Sollte ein Rotlicht tatsächlich für einen Stopp sorgen, ist es der Ehrgeiz jedes Motorradfahrers, so nahe wie möglich an der Haltelinie auf die Weiterfahrt zu warten. Es bildet sich also ein dichtes Knäuel aus Zweirädern um die vordersten Autos, das sich bei Grün erst wieder sukzessive entwirren muss.

In ländlicheren Gegenden gibt es natürlich nur eine Spur pro Richtung. Da keine Seitenstreifen existieren, unmittelbar neben der Straße Wassergräben verlaufen und die Hälfte der Fahrbahn alle paar Meter durch ein parkendes Fahrzeug, Bauschutt, spielende Kinder oder schlafende Hunde blockiert oder durch ein riesiges Schlagloch unbefahrbar ist, wird man immer wieder zum Ausweichen auf die Gegenfahrbahn gezwungen. Balinesen sind wahre Meister im Abschätzen von Distanzen und Geschwindigkeiten und nähern sich solchen Stellen von beiden Seiten rasant und lustvoll hupend. Da ihnen das Bedürfnis westlicher Fahrer, links und rechts vom Fahrzeug einen halben Meter Luft zu wissen, völlig fremd ist, sehen sie keinen Grund, ihre Geschwindigkeit zu reduzieren, solange zwischen ihrem Fahrzeug und einem entgegenkommenden Motorrad jene drei Zentimeter Abstand bleiben, die sie für absolut ausreichend erachten. Die größte Gefahr stellen allerdings ängstliche Touristen dar, die in solchen Situationen abrupt bremsen und damit Auffahrunfälle verursachen.

Dass Touristen jedoch angesichts von Fußgängern, mit denen eine Kollision droht, nur selten bremsen, ist eine verlässliche Quelle meines Missvergnügens auf der Insel. Balinesen hupen, drosseln aber im Zweifelsfall entweder rücksichtsvoll das Tempo und warten ab, bis man ihnen Platz macht, oder zischen gekonnt so knapp vorbei, dass ihr Fahrtwind für eine willkommene Kühlung sorgt. Motorradfahrende Alphamännchen aus westlichen Ländern und ihre keineswegs selteneren weiblichen Pendants fahren hingegen unverfroren weiter. Entweder wollen Sie damit ihren persönlichen Beitrag zur Eindämmung der Touristenströme leisten und ihre zu Fuß spazierenden Artgenossen dezimieren, oder sie sind schlicht unfähig, den erforderlichen Minimalabstand einzuschätzen.

In der Regel gilt also: Kommt Ihnen ein Kraftradfahrer auf engem Weg entgegen, müssen Sie blitzschnell dessen ethnische Herkunft checken. Handelt es sich um einen Balinesen, schlendern Sie unbesorgt weiter, andernfalls sollten Sie sich durch einen beherzten Sprung in den stinkenden Brackwassergraben retten. Hupt es in Ihrem Rücken, ist der Fall problematischer, denn bis Sie sich umgedreht haben, um zu eruieren, wer der Urheber des Signals war, liegen Sie angeschrammt im Dreck.

Die Gattung der Fußgänger wiederum ist für die motorisierten Verkehrsteilnehmer nicht minder unheilvoll, insbesondere die Spezies der schnäppchenjagenden Touristen, die fokussiert auf gefälschte Markenartikel wie blinde Hühner die Straßen überqueren. Gelegentlich verschwinden Fußgänger auch unerwartet von der Bildfläche: An einigen Orten hat man die Gräben neben der Straße mit Stein- oder Betonplatten überdeckt und so eine Art Trottoir geschaffen. Nicht wenige Platten fehlen oder sind zerbrochen, und so riskieren schaufensterfixierte Flaneure allerorten den metertiefen Sturz ins Abwasser und einen Beinbruch.

Doch noch sind wir ja bei der Ankunft auf Bali. Der chaotische Verkehr, bedauerlicherweise Ihr erster Eindruck nach Verlassen des Flughafens, stellt ohne Frage eine Schattenseite der Insel dar. Doch darf Sie das nicht zu voreiligen

Schlüssen verleiten. Wo Schatten ist, ist auch Licht, lehrt die Physik. Dass Gutes und Böses sich wechselseitig in ihrer Existenz bedingen, weiß die balinesische Spiritualität. Davon soll später noch ausführlich die Rede sein. Nun aber wartet erst einmal Ihr neues Zuhause auf Sie ...

Gefangen im Pool

Das 186 Meter hohe »Gran Hotel Bali« hat 52 Stockwerke. Erfreulicherweise steht es im spanischen Benidorm und gilt als größtes Hotel Westeuropas. Bali ist von monströsen Bettenburgen verschont geblieben. Bereits 1967 wurde ein Gesetz erlassen, dass kein Hotel höher als eine Kokospalme in den Himmel ragen dürfe, und so passen sich die meist zwei- oder dreigeschossigen Anlagen relativ harmonisch in die sanfte Landschaft ein. Lediglich das zehnstöckige »Bali Beach Hotel« am nördlichen Strandende von Sanur war damals schon im Bau, finanziert mit Reparationsgeldern aus dem im Zweiten Weltkrieg unterlegenen Japan. Inzwischen gilt der hässliche Betonklotz, der heute als »Inna Grand Bali Beach Hotel« firmiert, als eine Art Wahrzeichen Sanurs.

Vier Jahrzehnte zuvor hatte man in Denpasar das erste Hotel der Insel überhaupt eröffnet: das »Bali Hotel«, das mittlerweile den Namen »Inna Bali Heritage Hotel« trägt. In den ersten Jahren exklusiver Treffpunkt der holländischen Kolonialherren und Anlaufstelle fast aller ausländischen Besucher von Charlie Chaplin bis Mahatma Gandhi, strahlt das Art-déco-Gebäude noch immer das Flair jener Jahre aus. Seine Lage im Zentrum der geschäftigen Hauptstadt macht das heutige Dreisternehaus indes nicht für jeden attraktiv.

Auch die Geschichte meines Lieblingshotels reicht bis in die Zwanzigerjahre zurück: Ich habe im Laufe der Zeit in sämtlichen Regionen der Insel logiert, doch nie, ohne zum Abschluss meines Aufenthaltes wenigstens ein paar Tage im legendären »Tjampuhan« zu verbringen, wo einst der für Bali so bedeutende deutsche Maler Walter Spies seine prominenten Gäste aus aller Welt empfing. Nun empfangen mich die überaus freundlichen und hilfsbereiten Hotelmitarbeiter, und da ich ein »Repeater« bin – so heißen im Branchenjargon die Wiederholungstäter –, kennen sie meine Vorlieben genau. Das Hotel liegt etwas außerhalb des Ortszentrums von Ubud an einem Hang über dem Flüsschen Oos, gegenüber dem Tempel Gunung Lebah – angeblich ließ ihn der indische Hindupriester Rsi Markandeya im 8. Jahrhundert erbauen. Der üppige, mit moosbewachsenen Steinskulpturen dekorierte Hotelgarten wird von ganzen Heerscharen von Angestellten gepflegt, die selbst die in Stein gemeißelten Frösche der Poolumrandung jeden Morgen achtsam mit frischen Hibiskusblüten schmücken. Mit dunklen Holzmöbeln ausgestattete Zimmer verteilen sich auf ein gutes Dutzend Gebäude im traditionellen Stil; alle verfügen mittlerweile über Klimaanlage, Minibar, Satellitenfernsehen und Wi-Fi – es fehlt also an nichts. Steigt man über zahllose Stufen den Hang hinab, gelangt man zu einer mit mystischen Steinfiguren märchenhaft verzierten Felsgrotte: dem Spa.

Für mich ist das »Hotel Tjampuhan Spa« der perfekte Ort nicht nur zum Entspannen, sondern auch zum Arbeiten. Viele Stunden habe ich auf der Terrasse des Restaurants oder dem Balkon meines Zimmers geschrieben, mit Blick über die tiefe Schlucht, auf duftende Frangipani-Bäume – und gelegentlich auf heftige Schauer. Ich besuche Bali nämlich am liebsten in der Regenzeit zwischen November und April. Die Güsse sind heftig und kurz, meist regnet es am Ende des Tages oder in der Nacht – für mich im schwülen Klima dieser Monate eine willkommene Abwechslung. Überdies lohnt sich das antizyklische Reisen nicht nur preislich: Sieht man von den Tagen um Weihnachten und Neujahr ab, ist die Insel in unseren Wintermonaten wesentlich weniger frequentiert als im Juli und August.

Anders als in den Zwanzigerjahren mangelt es heute auf Bali selbst in der Hochsaison nicht an Hotelzimmern. Rund 80 000 stehen in Unterkünften aller Preisklassen zur Verfügung; je nach Saison sind zwischen 45 und 75 Prozent von ihnen belegt. Schon für eine Handvoll Dollar lässt sich eine akzeptable Übernachtungsgelegenheit bei Privatleuten finden: Man erhält ein sauberes Bett, ein schmackhaftes Frühstück und nicht zuletzt Familienanschluss. Der indonesische Tourismusverband hat für solche Homestays und kleine Pensionen den Begriff *losmen* eingeführt, abgeleitet vom holländischen *logement*. Manche bieten lediglich ein Etagenbett im Mehrbettzimmer und die Mitbenutzung eines balinesischen *mandi*, also eines Lochs im Boden und eines Beckens mit kaltem Wasser. Bei nicht ganz so schmalem Geldbeutel nächtigt man in einem Einzel- oder Doppelzimmer mit Ventilator oder sogar Klimaanlage sowie eigenem, nach westlichem Standard ausgestatteten Bad. Die einfachste Variante wird häufig auch als *penginapan* bezeichnet, die etwas komfortablere als *wisma*.

Am oberen Ende der Preisskala rangieren einige der schönsten Anlagen der Welt; auf keinem Fleck der Erde gibt es so viele Luxusresorts wie auf Bali. Das bekannteste ist das »Amandari« in Kedewatan, sieben Kilometer nordwestlich von Ubuds Zentrum, vom Architekten Peter Muller nach dem Vorbild eines traditionellen balinesischen Dorfes konzipiert. Die seit der Eröffnung 1989 vielfach ausgezeichneten »friedlichen Geister«, so die wörtliche Übersetzung des Hotelnamens, bestehen aus dreißig frei stehenden Pavillons mit Dächern aus Bambus und rotem Alang-Alang-Gras, viel Privatsphäre und traumhaften Blicken über die Reisfelder, in den Dschungel oder auf den Fluss Ayung. Vergleichbaren Luxus bieten aber auch die mitten im Wald an einem Hang gelegenen »Hanging Gardens« in Payangan, das »Four Seasons Resort Bali« in Sayan (die Architektur ist ebenso extravagant wie der Swimmingpool!) oder, falls Sie Meerblick bevorzugen, das elegante »Amankila« in Manggis, das spektakulär über den Klippen gelegene »Four Seasons Resort« in Jimbaran sowie das »Banyan Tree« in Ungasan, unweit des Uluwatu-Tempels im Süden der Insel. Wollen Sie in einem dieser oder der zahlreichen vergleichbaren Resorts logieren und ungestört im eigenen Pool baden, sollten Sie freilich 500 Euro pro Nacht einplanen, je nach Größe und Lage gerne auch das Doppelte oder noch mehr – ohne die adäquat hohen Nebenkosten. Besonders bei Luxushotels, aber auch bei Unterkünften der Mittelklasse lohnt die Buchung über einen großen Reiseveranstalter oder über Internetagenturen, deren Preise deutlich unter den *published rates*, den Normaltarifen der Hotels, liegen. Achten Sie aber darauf, ob Steuern (zurzeit elf Prozent) und *service charge* (bis zu zehn Prozent) bereits inkludiert sind.

Mit etwas Glück bei der Suche kann man sich auf Bali den Traum vom eigenen Häuschen mit Schwimmbecken aber schon für ein Zehntel dieser Preise erfüllen. Offiziell werden rund 1300 sogenannte *villas* an Touristen vermietet. In Wirklichkeit dürften es deutlich mehr sein, zumal viele Ausländer, die auf Bali per Gesetz keine Häuser erwerben, sondern nur langjährige Pachtverträge abschließen können, ihre Feriendomizile untervermieten, oftmals wohl auch, ohne diese Einkünfte den Behörden anzugeben. Wann immer ich nach Bali komme, entdecke ich dort, wo ich vor Kurzem noch durch Reisfelder spaziert bin, neue Gebäude, und zweifellos sind nicht alle davon auf völlig legalem Wege errichtet worden. Da aber meine Bequemlichkeit viel zu oft über moralische und ökologische Bedenken siegt, erliege ich immer wieder der Versuchung, solch eine Villa zu mieten.

Das aktuelle Objekt der Begierde wird erst ein paar Tage nach meiner Ankunft verfügbar sein, bis dahin komme ich in einer von vier Villen unter, die zu einem nahe gelegenen Hotel gehören. Sie befinden sich in Penestanan, westlich von Ubud, genauer gesagt, in Penestanan Kaja, dem nördlichen Teil des Dorfes – der südliche nennt sich Penestanan Kelod. Die beiden Richtungsangaben *kaja* und *kelod* bezeichnen jedoch nicht etwa Himmelsrichtungen, wie *kangin* den Osten, wo die Sonne aufgeht, und *kauh* den Westen, wo sie versinkt, sondern die Lage zwischen Bergen und Meer, zwischen »oben« und »unten«, egal, wo man sich auf der Insel befindet. Von Ubud aus gesehen, liegt der Vulkan Gunung Agung, die höchste Erhebung Balis, und damit alles, was als *kaja* bezeichnet wird, nördlich; im Norden der Insel sind die bergwärts, also *kaja* orientierten Dorfenden hingegen nach Süden ausgerichtet. Zugleich stehen die Begriffe *kaja* und *kelod* für das Gute und das Böse, das Göttliche und das Dämonische, denn der Agung ist der Sitz der Götter, während im Meer Geister und Dämonen wohnen – weswegen es für die Balinesen früher unvorstellbar war, dass jemand freiwillig darin schwimmt. Auch die Lage der drei Tempel, die jedes Dorf (*desa*) besitzt, orientiert sich an Bergen und Meer: Der Totentempel *pura dalem*, der Shiva, dem Gott der

Zerstörung, gewidmet ist, befindet sich immer am *kelod*-Ende. Der Dorftempel *pura desa*, der unter dem Schutz des Bewahrers Vishnu steht, bildet den geografischen und gesellschaftlichen Mittelpunkt. Und am *kaja*-Ortsrand findet man den *pura puseh*, wörtlich übersetzt »Nabeltempel«, der dem Schöpfer Brahma gewidmet ist und die Gründung des Dorfes symbolisiert.

Ich wohne ganz in der Nähe eines solchen Ursprungstempels, also im »guten« Teil des Dorfes. Mein Domizil befindet sich auf einem schätzungsweise 600 Quadratmeter großen, durch eine Mauer eingefriedeten Grundstück: ein minimalistischer, alles andere als lokaltypisch anmutender Backsteinbau mit Ziegeldach, in dem Schlaf- und Badezimmer untergebracht sind, daneben ein offener, aber überdachter Bereich mit voll ausgestatteter Küche, einem schweren hölzernen Esstisch und einem bequemen, mit einem halben Dutzend Kissen dekorierten Sofa. Nachdem Nyoman, der Hotelangestellte, der mich am Flughafen abgeholt hat, mir alles erklärt und den Zimmerschlüssel ausgehändigt hat, verlangt er meinen Pass, um eine Kopie anzufertigen. Binnen 24 Stunden muss der Aufenthalt jedes Besuchers registriert werden. In der Regel übernehmen das die Hotels oder Gästehäuser, Reisende jedoch, die privat unterkommen, sollten darauf achten, dass ihr Gastgeber ordnungsgemäß die Anmeldung bei der Polizei oder beim örtlichen Gemeindevorsteher vornimmt. Nyoman will noch wissen, wann ich frühstücken möchte, dann verabschiedet er sich. Bis morgen früh um neun bin ich alleine, freue ich mich. Im Wind rascheln die Blätter der Bananenstauden, sonst höre ich nur das Singen der Vögel und dann und wann ein fernes Hahnenkrähen.

Verführerisch reflektiert das Wasser des Swimmingpools die pralle Mittagssonne. Ich streife die verschwitzten Kleider vom Leib und hüpfe hüllenlos ins kühle Nass – schließlich verfügen solche Poolvillen als wesentliches Merkmal über das, was in Prospekten und Buchungsportalen als *privacy* angepriesen wird. Nach einigen Bahnen – das Becken ist respektable acht Meter lang –, plansche ich erfrischt am Beckenrand, mit glückseligem Blick auf riesig wuchernde Pflanzen. Die meisten Arten kenne ich, kämpfen doch einige kläglichere Exemplare davon bei mir zu Hause eingetopft ums Überleben: Helikonien, Wundersträucher und Blutbananen, Keulenlilien und Alpinien, nicht zu vergessen der Wohnzimmerklassiker Philodendron. Neben dem Pool hat man rund 30 Quadratmeter mit Reis bepflanzt, wohl im Bewusstsein, dass die Touristen nicht zuletzt wegen der Reisfelder nach Bali kommen, deren Fläche aber stetig abnimmt – Jahr für Jahr werden 1000 Hektar Land neu bebaut. Zweifellos wurde auch hier, wo nun meine Villa steht, noch vor Kurzem Reis geerntet. Ich begreife mehr denn je, was mein guter Geist Wayan, von dem noch die Rede sein wird, meint, wenn er klagt: »Früher musste man auf Bali nur das Fenster aufmachen, um die Reisfelder zu sehen, jetzt muss man den Geldbeutel öffnen.«

Geöffnet wird nun aber zu meiner Überraschung das Eingangstor, und eine ältere Dame betritt das Grundstück. Sie trägt die traditionelle Kleidung: einen Sarong – auf Bali auch *kamben* genannt –, darüber einen Stoffgürtel, *selendang*, und eine *kebaya*, eine aus durchbrochenem Stoff gefertigte Bluse. Ohne auf mich zu achten, schreitet sie mit einer anmutigen Haltung, von der die »Topmodel«-Aspirantinnen deutscher Castingshows nur träumen können, am Pool vorbei zu einem kleinen Opferschrein, der mir bis dahin noch gar nicht aufgefallen war. Sie legt darauf ein *canang sari*, ein aus einem Palmblatt geflochtenes quadratisches Schälchen mit Reiskörnern, Betelpriem und Blüten darin. Dann zündet sie ein Räucherstäbchen an und spricht ein Gebet. Solche täglichen Opfergaben, die, je nach Anlass, auch wesentlich aufwendiger und kostspieliger ausfallen können und manchmal sogar von einem professionellen Opfergabenhersteller, dem *tukang banten*, erworben werden, sind ein wichtiger Teil des balinesischen Lebens und nahezu überall anzutreffen, selbst vor dem Eingang der Shoppingtempel in Kuta.

Hier allerdings habe ich nicht mit einer Opferzeremonie gerechnet. Ich fühle mich unwohl im Pool und würde am liebsten untertauchen, doch wer weiß, wie lange ich die Luft anhalten könnte. Hinauszuklettern ist völlig unmöglich. Ich sitze in der Falle. Nacktbaden gilt als gravierende Missachtung der balinesischen Mentalität; geschieht es in der Öffentlichkeit, kann es mit Geldbußen und sogar mit bis zu drei Jahren Gefängnis geahndet werden. Selbst das Oben-ohne-Baden von Frauen ist per Gesetz verboten, wenn auch an manchen Stränden des Südens geduldet – dort ziehen dann die halb nackten Touristinnen Schaulustige aus allen Teilen Indonesiens an. Man darf nicht vergessen: Indonesien ist das größte islamische Land der Erde, und nur schweren Herzens und zweifellos aus Angst vor rückläufigen Touristenzahlen hat das nationale Parlament 2008 nach langer Debatte und auf Drängen der Balinesen eine Ausnahmeregelung im neu verabschiedeten Anti-Pornografie-Gesetz akzeptiert, die das Tragen von Bikinis an Ferienorten weiterhin erlaubt.

Das Thema Nacktheit ist hier ohnehin ein spezielles. Nicht nur in Deutschland begeisterte man sich in den 1920er-Jahren für die Fotografien des Arztes Gregor Krause, die neben fruchtbaren Reisterrassen und malerischen Tempeln vor allem schöne Körper zeigten, barbusige Frauen und nackte junge Männer, die scheinbar schamfrei in Flüssen baden. Zahlreiche Illustrierte reproduzierten diese Aktaufnahmen, Bali galt fortan als Eden, frei von den gesellschaftlichen Zwängen der westlichen Welt, frei auch im Umgang mit Sexualität – so gab sich in den 1930er-Jahren ein Nachtklub in New York den Namen »The Sins of Bali«. Als der Filmstar Charlie Chaplin 1932 zusammen mit seinem Bruder Sydney Bali besuchte, war dieser vor allem damit beschäftigt, die barbusigen Schönheiten zu filmen, und wurde, zurück in Hollywood, zum überzeugten Nudisten. Édouard de Keyser gab 1933 seinem Bali-Roman den Titel »L'île des seins nus« (Insel der nackten Brüste). Etliche europäische Maler ließen sich auf der Insel nieder und spezialisierten sich auf einschlägige Sujets. So wurde die Nacktheit der Einwohner allmählich ein zentraler Anziehungsgrund für immer mehr Reisende, und Ende der 1950er-Jahre sah sich der balinesische Gouverneur Anak Agung Bagus Suteja genötigt, das Entblößen der weiblichen Brust zu verbieten. Doch selbst der indonesische Präsident Sukarno soll, Gerüchten zufolge, die im heiligen Quellwasser des Pura Tirta Empul badenden Frauen von seiner oberhalb gelegenen Villa mit einem Teleskop observiert und sich an ihrem Anblick ergötzt haben.

Heute sind es vorwiegend Touristen, die jene Balinesen, die sich in ländlichen Gegenden mangels eigener Badezimmer im Fluss waschen, respektlos anstarren, anstatt sie diskret zu übersehen. Oder sie gar fotografieren! Wenn sich dann diese Gäste aus der westlichen Welt am Strand ungeniert selbst entblößen, verstößt das ebenfalls gegen die guten Sitten. Keineswegs ohne Scham waschen sich Balinesen nach Geschlechtern getrennt, dabei achten die Frauen darauf, dass ihre Beine immer geschlossen sind, und die Männer bedecken den Penis stets mit einer Hand. Dass geschäftstüchtige Balinesen einige schwule Privatpensionen eröffnet haben, in denen unter der Bezeichnung *clothing optional* der

Nudismus und vermutlich noch weitere Vorlieben gepflegt werden, ist ein anderes Thema.

Ich freilich hatte geglaubt, wie auch immer ich im Privatpool meiner Villa schwimme, es könne niemand Anstoß daran nehmen. Tatsächlich erlaubt mir die betagte Balinesin mit Noblesse und Nonchalance, mein Gesicht zu wahren. Sie verlässt das Grundstück, als habe sie mich gar nicht bemerkt.

Der nächste Besucher bereitet mir keine Not: Eine Art Reiher freut sich über die Reiskörner in einem weiteren, gleich am Eingangstor platzierten *canang sari*, nippt zaghaft am – erfreulicherweise nicht chlorierten – Wasser des Pools und beäugt mich interessiert. Dann beschließt er, dass ich keine Gefahr für ihn darstelle, und tappst mit seinen überdimensionierten Füßen am Beckenrand auf und ab. Mittlerweile ist das Reisfeld von gut drei Dutzend spatzenähnlichen Vögeln bevölkert, schwarz-braun mit leuchtend weißen Bäuchlein: sogenannten Javabronzemännchen, die auch die schöne Bezeichnung Schwarzbürzelbronzemännchen tragen.

Um für eine schöne Bronzierung meines eigenen Körpers zu sorgen, beschließe ich, mich sportiv aus dem Becken zu schwingen – wie viele balinesische Pools hat auch dieser weder eine Leiter noch Stufen zum Ein- und Ausstieg. Kurz durchzuckt mich dabei das Bewusstsein der Vergänglichkeit: Ob ich mich in zwanzig Jahren noch hinaushieven kann? Das Jenseits ist auf Bali eben allgegenwärtig, denke ich, nicht ohne Grund gab Vicki Baum ihrem Bestseller den Titel »Liebe und Tod auf Bali«.

Während dieser transzendentalen Reflexionen und ausgerechnet, als ich gerade dabei bin, aus dem Pool zu klettern, erscheint auch schon der nächste Besucher, an seiner Kleidung auf den ersten Blick als Hotelmitarbeiter zu erkennen. Dass ich noch nicht einmal ein Badetuch zur Hand habe, scheint Ketut, so stellt er sich vor, nicht im Geringsten zu stören. Der Grund sind diesmal wohl weniger Takt und Diskretion als geschäftliche Interessen. Ketut macht es sich ungefragt auf einem Liegestuhl bequem und kommt erstaunlich schnell für einen Balinesen zum Punkt. Er habe mir einen großartigen Vorschlag zu unterbreiten, morgen könne er für mich eine Tagestour durch das »echte Bali« arrangieren. Seien Sie versichert, wo auch immer Sie sich auf der Insel aufhalten, das »wahre Bali« befindet sich stets woanders, zumindest wollen Sie das sämtliche Fahrer, Autovermieter und Reiseveranstalter glauben machen. Ich solle auf keinen Fall an der Hotelrezeption nach einem anderen Fahrer fragen, rät Ketut, sein Bruder chauffiere ganz ausgezeichnet und offeriere mir selbstverständlich einen *special price*. Als ich auf Ketuts Vorschlag nicht sofort eingehe, wechselt er die Taktik und leitet zu scheinbar unverfänglicher Konversation über: »Are you married?« Nach zahlreichen Aufenthalten auf Bali weiß ich, dass man diese Standardfrage selbst im Schlaf und ungeachtet der realen Verhältnisse am besten bejaht, doch nach einer fast 30-stündigen Anreise und bei mehr als 30 Grad Hitze bin ich nicht mehr Herr meiner Sinne, und mein weich gekochtes Hirn gibt den Befehl zu einem knappen »no«. Kaum habe ich mich als ledig geoutet, folgen Ketuts nächste Frage: »Do you like girls?« und das unmissverständliche Angebot, einschlägige Dienstleistungen zu vermitteln. Diesmal freilich ohne Angabe des Verwandtschaftsgrades.

Da ich ablehne, scheint für ihn wenigstens die morgige Tour geritzt, und so muss ich seine Aufmerksamkeit auf ein anderes Thema lenken, bevor er mir den finalen Handschlag abnötigen kann: Exakt der Bedienungsanleitung folgend, habe ich meinen Zimmersafe mit einem neuen Code programmiert, doch er lässt sich nicht mehr öffnen. Auch Ketut versucht es vergebens, kennt aber einen Spezialcode, mit dem die Tür aufgeht. Er setzt die Nummer zurück, ich programmiere die von mir auf Reisen stets verwendeten Ziffern und schließe den Safe. Beim Versuch, ihn zu öffnen, rührt sich abermals nichts. Doch wären wir nicht auf Bali, nicht in Asien, stellte das ein Problem dar. Einem Fremden einzugestehen, keine Lösung zu wissen, bedeutet einen enormen Gesichtsverlust. Nie gibt man hier zum Beispiel auf die Frage nach dem Weg zu, dass man ahnungslos ist, lieber schickt man den Suchenden mit Überzeugungskraft in eine willkürliche Richtung. Freundlich lächelnd drückt Ketut also nun die 1, die 2 und die 3, schließt den Safe, wiederholt die Eingabe, macht ihn auf und sieht mich triumphierend an. Ich frage nach der Möglichkeit, einen anderen Code einzugeben. »No problem«, antwortet er lächelnd und zeigt es mir: Er drückt die 1, die 2, die 3, schließt die Tür, drückt die Ziffern abermals und öffnet sie. Ich riskiere ein Maximum an Unhöflichkeit, wiederhole meine Frage überdeutlich und mit einem gestischen Aufwand, als tanze ein Waldorfschüler seinen Namen. »Yes, no problem«, versichert Ketut, grinst wie der Joker in »Batman«, tippt 1, 2, 3 und befiehlt mit Nachdruck: »Money. Passport.« Ich drücke meine Handflächen vor der Brust zusammen, verbeuge mich tiefer, als es der Anstand eigentlich gebietet, und murmle *terima kasih*, besinne mich kurz und sage außer diesem durchaus gebräuchlichen indonesischen Wort für »danke« auch noch das balinesische: *suksma*. Ketut nickt ob meiner Schleimerei befriedigt und hat erfreulicherweise die Tour, zu der er mich nötigen wollte, vergessen. Geld und Pass bewahre ich die nächsten zwei Tage in einem Schuh im verschlossenen Hartschalenkoffer auf – der Standardcode 1, 2, 3 ist mir nicht geheuer.

Schon am übernächsten Morgen übersiedle ich ohnehin in mein eigentliches Domizil. Abgeholt werde ich von einem jungen Mann namens Gede, der im gerade angesagten Lumbersexual-Style daherkommt, in Jeans und einem grob karierten Hemd, dazu hat er sich etwas spärliche Elvis-Presley-Koteletten stehen lassen, aus dem spitzen Kinn sprießen drei einsame Barthaare. Begleitet wird er von seinem schmächtigen kleinen Bruder, der einen traditionellen *kamben* trägt, ein weißes Hemd und einen vorn mit einem Knoten geschlossenen Stoffwickel um den Kopf, den sogenannten *udeng*. Hinters Ohr hat er sich eine leuchtend rote Hibiskusblüte gesteckt. Putu, so heißt der Junge, dient offenbar zur optischen Aufhübschung des Transfers.

In Kedewatan, etwa fünf Kilometer in *kaja*-Richtung, erwartet uns Made, ein Bruder der beiden, und nimmt die Koffer in Empfang. Zusammen mit ihren fünf Schwestern vermieten die drei Jungs mehrere Unterkünfte. Meine »private Villa« wird von einem großen Garten eingerahmt, hat selbstverständlich einen verlockenden Pool und ist auch innen geräumig und beinahe makellos sauber. Lediglich auf einem Kopfkissen sehe ich ein paar schwarze Krümel, die sich bei näherer Betrachtung als Ameisenkadaver entpuppen. Für einmal hat der Tod etwas Beruhigendes an sich: Die lebenden Insekten, mit denen ich, wie überall in den Tropen, das Haus teile, irritieren mich mehr. Doch glücklicherweise wohnen hier auch zwei Geckos und vertilgen eifrig jene Moskitos, die sich selbst durch die Klimaanlage nicht vom Besuch des Schlafzimmers abhalten lassen. Überdies ist das himmlisch bequeme Bett durch ein Moskitonetz geschützt. Der Kühlschrank in der Küche funktioniert, ebenso Wi-Fi und Satellitenfernsehen samt Fernbedienung.

Dass ich beim Einzug alles akribisch überprüfe, jedes Schloss und selbst jeden Schalter, hat seinen Grund. In einer anderen Villa konnte ich bei sternloser Nacht und noch dazu in Ermangelung einer Taschenlampe beim besten Willen den Lichtschalter fürs Badezimmer nicht finden und musste die dringend benötigten Sanitäreinrichtungen im Stockdunkeln ertasten. Als ich auch am nächsten Morgen nicht fündig wurde, bat ich die junge Frau, die das Frühstück servierte, um Hilfe. Sie griff wie selbstverständlich zum Spiegel über dem Waschbecken und nahm ihn von der Wand – dahinter befand sich der einwandfrei funktionierende Schalter. Seither versuche ich, gleich beim Einzug an alle Eventualitäten zu denken, und schere mich nicht darum, dass man mich vermutlich für überängstlich, einen Pedanten oder einen Kontrollfreak hält. Mit typisch balinesischer Geduld führen mich Gede, Made und Putu durch ihr Haus. Sie fragen mich, wann eine der Schwestern mein Frühstück bringen dürfe, und sogar wann das Bett gemacht, die Villa gereinigt und die Blätter aus dem Pool gefischt werden sollen, kann ich bestimmen. Angesichts der vielen dienstbaren Geister fühle ich mich ein wenig in feudale Zeiten versetzt. Doch Gott sei Dank hat die Moderne in Form eines Mobiltelefons Einzug gehalten, das man mir überlässt und in dem die Nummern von immerhin vier der acht Geschwister gespeichert sind – für alle Fälle, vielleicht habe ich ja doch einen wichtigen Lichtschalter übersehen.

Anders als bei meiner vorigen Unterkunft lässt sich das Grundstückstor von innen verschließen; hier muss ich also wirklich keine Überraschungsbesuche fürchten. Außerdem wacht anderthalb Meter davor eine steinerne Figur: Ganesha, der »Hüter der Schwelle«. Er lässt niemanden rein, der nicht rein soll, schon gar nicht irgendwelche Geister oder Dämonen, die nicht um Ecken biegen, also nicht um ihn herumgehen können. Dass Ganesha zugleich der »Überwinder aller Schwierigkeiten« und der Schutzpatron der Diebe ist, überfordert zwar mein logisches Denken, doch ist er überdies der Gott des Genusses und der Dichter, also bei einer großherzigen Auslegung dieser Bezeichnung auch für »Gebrauchsanweisungs«-Autoren und somit für mich persönlich zuständig. Ohnehin ist der gütige, kluge, humorvolle, ja schelmische, verspielte und sympathischerweise überaus naschhafte Ganesha seit Langem mein Liebling unter den hinduistischen Göttern. Dass er unter der Bezeichnung Vinayaka auch im Tantra verehrt wird und als beweglicher Liebhaber gilt, der mehrere Frauen zugleich beglücken kann, erstaunt mich allerdings etwas: Er ist klein und besitzt einen kugelrunden Bauch sowie einen dicken Elefantenkopf.

Es hätte indes schlimmer für ihn kommen können. Gemäß einer Erzählung in der hinduistischen Mythensammlung »Shivapurana« schuf die von ihrem Mann Shiva vernachlässigte Göttin Parvati den ursprünglich menschenköpfigen Ganesha aus Ton, damit sie in Shivas Abwesenheit etwas zum Knuddeln hatte. Außerdem sollte der Bub dafür sorgen, dass sie ungestört baden konnte – nichts kann ich nach meinem vorgestrigen Erlebnis besser nachvollziehen. Als Ganesha nun aber ausgerechnet Shiva den Weg zu Parvati versperrte, schlug der ihm, nicht ahnend, um wen es sich handelt, die Rübe ab. Die sonst so geduldige, liebende und hingebungsvolle Ehefrau erlitt daraufhin verständlicherweise einen Tobsuchtsanfall, und so befahl Shiva seinen Dienern, ihm den Kopf des ersten Lebewesens, das ihren Weg kreuze, zu bringen, damit er ihn Ganesha aufsetzen und ihn ins Leben zurückbringen könne. Insofern hatte der Junge also Glück, dass nicht gerade eine Raupe angekrochen kam oder eine Schmeißfliege vorbeisummte. Ich wiederum bin vor allem froh, dass keine Statue mit Hundekopf meinen Eingang bewacht. Ich mag keine Hunde. Nicht einmal die kleinen. Für Ganeshas Reittier, das es sich zu seinen Füßen bequem gemacht hat, empfinde ich hingegen Sympathie: Seit ich »Ratatouille« im Kino gesehen habe, betrachte ich Ratten mit anderen Augen. Vor allem, wenn sie kochen können.

Unterdessen meldet sich nämlich mein hungriger Magen; von den benachbarten Häusern ziehen appetitanregende Duftwolken herüber. Ich registriere, dass die Hunde in der Nachbarschaft unvermindert jaulen, gegrillt werden also offenbar andere Tiere. Hundefleisch wird im indonesischen Archipel vor allem von den in Nordsulawesi beheimateten Minahasa gegessen, und so sind es auf Bali in der Regel Immigranten dieser Ethnie, die in ihren *warung*, einer Mischung aus mobilem Tante-Emma-Lädelchen und Straßenimbiss, die Vierbeiner nach traditionellen Rezepten zubereiten. Doch auch im Distrikt Karangasem werden gelegentlich *sate anjing* angeboten, Hundespießchen – zum Entsetzen so manches Touristen. Dass Barack Obama bekannte, er habe als Kind in Indonesien zähes Hundefleisch verzehrt, war im Präsidentschaftswahlkampf Wasser auf die Mühlen seiner Gegner. Offiziell ist der Verzehr in Indonesien, dessen vorwiegend muslimischer Bevölkerung Hundefleisch als *haram*, als unrein, gilt, aber mittlerweile verboten – im Gegensatz übrigens zur schönen Schweiz, wo das Schlachten von Hunden und Katzen zum Eigenverzehr gesetzlich gestattet ist und wo in manchen Kantonen geräucherter Hund oder Katze in Weißwein zu den traditionellen Festmahlzeiten zählen.

Mir steht der Sinn mehr nach gebratenem Huhn. Es gibt im Haus zwar eine funktionierende Küche, noch habe ich aber nichts eingekauft. Ich könnte in einem der fußnahen Luxushotels speisen, im »Royal Pita Maha« zum Beispiel, in dem ich vor zwei Jahren auf Einladung des gastfreundlichen

Tjokorda Gde Putra Sukawati war – er ist der *penglingsir*, das Oberhaupt der königlichen Familie von Ubud. Tatsächlich residiert man dort wahrhaft königlich in Villen mit einer verschwenderischen Größe von 300 bis 400 Quadratmetern und privatem Pool. Die Ruhe ist so himmlisch wie der Blick über die Ayung-Schlucht, der Service perfekt. Da mir die Abreise damals wie die Vertreibung aus dem Paradies erschien, ahne ich, dass eine Rückkehr dorthin unmöglich ist, so lehrt das zumindest die Bibel. Zumal mich Tjok Putra diesmal nur zu Tee und Keksen in seinen Palast eingeladen hat, nicht aber in sein Hotel.

Doch ich erfreue mich ja eines anderen, erschwinglicheren Paradieses: Für meine Villa bezahle ich pro Woche so viel wie ein Gast im »Royal Pita Maha« für eine Nacht, und über einen eigenen Pool verfüge ich auch. Ich beschließe also, nicht im Hotel zu essen, und erliege den Verlockungen eines laminierten Flyers, den mir die Jungs hingelegt haben. Dankbar für das indonesische Mobiltelefon – die Roaminggebühren meines deutschen Anbieters stellen beinahe die Preise im »Royal Pita Maha« in den Schatten – wähle ich die angegebene Nummer. Kurz darauf liefert eine der fünf Schwestern, deren allzu ähnlichen Gesichtern die richtigen Namen zuzuordnen mir noch schwerfällt, ein frisch zubereitetes Gericht aus Gemüse, Reis und Huhn, schmackhaft und zu winzigem Preis. Dazu zische ich ein kühles *bir*.

Sind Sie mutig genug, *lawar* zu verzehren?

Über 10 000 Chinarestaurants gibt es in Deutschland, indische Gerichte zählen zu den beliebtesten Gastronomie-Angeboten, und in mancher Stadt findet man leichter eine thailändische Gaststätte als eine deutsche. Der Siegeszug der indonesischen Küche lässt indes noch auf sich warten, und so kennen viele nur die drei bekanntesten Speisen: gebratenen Reis, gebratene Nudeln und Fleischspießchen mit Erdnusssoße. Dabei zeichnet sich insbesondere Bali durch eine große kulinarische Vielfalt aus, verzehrt man doch hier im Gegensatz zu den islamisch geprägten Landesteilen Indonesiens das dort verbotene Schweinefleisch. Und anders als den indischen sind den hiesigen Hindus Rinder nicht heilig und werden folglich schmackhaft zubereitet. Nicht wenige Gerichte vereinen die würzige Schärfe von Chili und Kräutern, die fruchtige Säure von Limetten, Tamarinde und Zitronengras sowie die milde Süße von Kokosmilch und Erdnüssen. Das harmonische Zusammenspiel dieser gegensätzlichen Aromen sorgt für komplexe Geschmackserlebnisse.

Für mich fand die erste kulinarische Begegnung mit der Insel der Götter, von deren Existenz, geschweige denn Lage ich als Grundschüler freilich nichts wusste, in Form eines Fertiggerichts statt, das den fremdartigen Namen Nasi Goreng trug. Es tauchte in den 1970er-Jahren in den Supermarktregalen in Form von verschweißten Plastikschalen auf, in denen sich Reis, eine geheimnisvolle Gewürzmischung und eine fast schwarze Soße befanden. Dazu eine rote Paste, vor deren Verwendung man als Kind mindestens so nachdrücklich gewarnt wurde wie vor Feuerwerkskörpern, scharfen Messern und hochprozentigem Alkohol: Sambal Oelek. Dass die holländische Schreibweise dieser dickflüssigen Würzsoße »Ulek« ausgesprochen wird, wusste damals kaum jemand; das indonesische Wort *ulek* bezeichnet den Stößel, mit dem Chilischoten und andere Zutaten im Mörser zerkleinert werden. Die Erwachsenen gaben allenfalls eine Messerspitze davon zum Reis, der in der Pfanne mit der Gewürzmischung, der Soße aus fermentierten schwarzen Sojabohnen und frischem Fleisch angebratenen wurde. Wir Kinder bewunderten sie für ihren Mut wie die furchtlosen Helden eines Karl-May-Westerns.

Heute führt beinahe jeder Lebensmittelhändler verschieden scharfe Sambals sowie die dickflüssige, süßliche Sojasoße *kecap manis* (meist in der holländischen Schreibweise *ketjap manis*) und ihre leichtere, salzigere Schwester *kecap asin*. Übrigens verdankt der in der westlichen Welt so beliebte Ketchup seinen Namen den malaiischen Würzsoßen. Er wurde im 18. Jahrhundert aus Sardellen, Schalotten, Essig und Wein hergestellt und hatte mit Tomaten zunächst nichts zu tun – so erklärt sich die spezifizierende Bezeichnung Tomatenketchup.

Längst hat der deutsche Einzelhandel die Nasi-Goreng-Plastikschalen durch Tiefkühlgerichte mit Hähnchenbrustfilet ersetzt – freilich kann man den gebratenen Reis nach wie vor auch als Dosenfutter erwerben – und das Angebot um das Pendant Bami Goreng erweitert, gebratene Weizenmehlnudeln mit Gemüse und Huhn. In Indonesien finden Sie dieses Gericht als *mi(e) goreng* oder *bakmi goreng* (gebratene Nudeln aus Reismehl) in verschiedenen Varianten auf der Speisekarte, *mi goreng udang* beispielswiese wird mit Garnelen zubereitet.

Wie wohl jeder weiß, soll man in den Tropen grundsätzlich nur gekochte, gebratene oder geschälte Lebensmittel verzehren. »Boil it, cook it, peel it or forget it!« heißt die einfach zu merkende Regel, »Koch es, brat es, schäl es oder vergiss es!« Vor allem nicht durchgegartes Fleisch (Vorsicht also vor den häufig halb rohen Grillspießchen!), roher Fisch und Meeresfrüchte, aber auch rohes Gemüse sowie Salat sind potenzielle Durchfallverursacher. Auch trinkt kein Ausländer, der bei Verstand ist, auf Bali das Wasser so, wie es aus dem Hahn fließt. Manche besonders Besorgten fürchten sogar die Resttröpfchen an einem gespülten, aber nicht völlig getrockneten Trinkglas. Wenn Sie Leitungswasser verwenden, sollten Sie es vorher abkochen, und wo das nicht möglich ist, empfiehlt sich selbst zum Zähneputzen Wasser aus – original verschlossenen! – Flaschen. Am weitesten verbreitet ist die leicht zu merkende Marke »Aqua« von Danone – der Lebensmittelriese vertreibt nicht nur Milch- und Backwaren, sondern besitzt Abfüllanlagen in aller Welt. Während fast alle Hotels ihren Gästen täglich eine Glasflasche mit Trinkwasser zur Verfügung stellen und man in den meisten Mietvillen Wasserspender findet, werden Sie unterwegs notgedrungen Plastikflaschen kaufen müssen, obschon diese enorme Mengen an Müll verursachen.

Anders als in Indien, wo ich stets peinlichst genau bemüht bin, jedes noch so kleine Risiko zu vermeiden, ist mein

Umgang mit dieser Problematik auf Bali jedoch inzwischen eher lax. Obschon ich täglich Salat verzehre und oftmals bezweifle, dass die Eiswürfel in meinem Getränk wirklich aus abgekochtem Wasser hergestellt wurden, bin ich in den letzten zwanzig Jahren – toi, toi, toi – vom berüchtigten »Bali Belly« verschont geblieben, der in anderen Ecken der Welt als »Montezumas Rache« oder »Fluch des Pharao« berüchtigt ist. Wer nicht sicher ist, wie sich der eigene Körper verhält, sollte jedoch Vorsicht walten lassen. Böse Folgen könnten ansonsten alle Aktivitäten verunmöglichen, die weiter als zehn Meter vom »kleinen Zimmer« wegführen, so die wörtliche Übersetzung von *kamar kecil*.

Der »Bali Belly« tritt in den ersten Tagen nach Ankunft auf, verursacht durch den Klimawechsel und das ungewohnte Essen, vor allem aber, weil das Gleichgewicht der Darmflora durch die ihr unbekannten Bakterien, an die sie sich erst anpassen muss, gestört wird. Doch so unangenehm es ist, wenn man sich ein paar Tage lang oben und unten gleichermaßen und zu allem Übel gleichzeitig entleeren muss, handelt es sich für gewöhnlich um keine bedrohliche Krankheit. Hat es einen erwischt, helfen einschlägige Tabletten. Die verlorene Flüssigkeit ersetzt man am besten mit Bouillon oder einer selbst hergestellten Zucker-Salz-Lösung, zum Beispiel aus einem Liter Schwarztee, einem Teelöffel Kochsalz, zwei Esslöffeln Zucker und dem Saft von zwei Orangen. Viele Balinesen schwören indes bei Durchfall auf die Frucht der Salakpalme, die bei uns wegen ihrer glänzend-schuppigen Schale auch als Schlangenfrucht bekannt ist; ihr Geschmack ähnelt einer Mischung aus Birne und Ananas.

Apropos Verdauungsprodukte: Eine auch auf Bali produzierte indonesische Spezialität wird aus den Exkrementen des wieselähnlichen Fleckenmusangs hergestellt, einer

Schleichkatzenart, die man hier als *musang luwak* bezeichnet. Der wissenschaftliche Name *Paradoxurus hermaphroditus* rührt daher, dass Männchen wie Weibchen unterhalb des Schwanzes hodenähnliche Drüsen besitzen, mit deren Sekret sie ihr Revier markieren. Die nachtaktiven, hauskatzengroßen Baumbewohner naschen mit Vorliebe überreife, süße Kaffeekirschen. Wieder ausgeschieden, haben die im Verdauungstrakt des Tieres durch Enzyme fermentierten Kerne einen besonderen Geschmack erhalten. Sie werden gründlich gewaschen und sanft geröstet. Der so gewonnene Kaffee ist der teuerste der Welt, Kilopreise um die 1000 Euro gelten als normal, selbst Spitzenpreise bis 10 000 Euro sind keine Seltenheit. Während eine Wiener Konditoreikette horrende 25 Euro für einen »kleinen Schwarzen« aus Katzenkotkaffee verlangt, kann man diese kulinarische Kapriole auf Bali für einen Bruchteil dieses Apothekerpreises versuchen. Man muss es aber nicht. Gourmets in aller Welt schwärmen vom komplexen Aroma des exklusiven Getränks, das weniger Bitterstoffe und Säure als herkömmlicher Kaffee enthalten soll, doch wenn ich überhaupt einen Unterschied ausmachen kann, erscheint mir der milde *kopi luwak* allenfalls etwas erdiger, um nicht zu sagen modrig und muffig. Fragwürdig ist indes vor allem seine Gewinnung. Die Vorstellung, dass Balinesen so achtsam wie mühsam die Bergwälder auf der Suche nach dem Kot glücklicher Schleichkatzen durchstreifen und diesen von Hand einsammeln, ist eine hoffnungslos romantische. Häufig werden die Tiere gefangen, wie Legehennen in Käfigbatterien gehalten und alles andere als artgerecht statt mit Reptilien, Insekten und Eiern ausschließlich mit Arabica-Kaffeekirschen ernährt.

Bei dieser Vorstellung brauche ich erst einmal einen Schnaps: einen *arak*. Die überall erhältliche Spirituose –

nicht zu verwechseln mit dem gleichnamigen arabischen Anisbranntwein – soll bereits vor über 3000 Jahren in Indien erfunden worden sein. Aus der vergorenen Flüssigkeit der Zuckerpalmenblüte, die etwa drei Prozent Alkohol enthält, ähnlich wie Federweißer schmeckt und unter dem Namen *tuak* meist in einseitig verschlossenen Bambusrohren serviert wird, destilliert man den 40-prozentigen *arak tuak*. Er eignet sich als Digestif, für Cocktails oder Longdrinks. Man genießt ihn mit Fruchtsäften oder als *arak madu* mit Honig und Limonen, jüngere Balinesen mixen ihn auch mit Cola. Der gleich starke, aber etwas weichere *arak beras* hingegen wird aus Reis gewonnen und gerne im Kaffee als *kopi arak* getrunken. Grundsätzlich ist beim Konsum jedoch Vorsicht geboten und beispielsweise *arak* aus einer originalverschlossenen Flasche dem offen ausgeschenkten vorzuziehen. »Mehrere Kranken- und Todesfälle, auch von deutschen Staatsangehörigen, nach dem Genuss von alkoholischen Getränken lassen auf mit Methanol verunreinigte Getränke schließen«, warnt das Auswärtige Amt.

Zumindest den Kreuzworträtselfreunden ein Begriff ist der vierbuchstabige »Reiswein aus Bali«: Der süßliche, fünfprozentige *brem* aus fermentiertem weißen und schwarzen Klebreis genießt große Popularität auf Bali, doch bevor man ihm zuspricht, sollte man sich ausreichender Aspirin-Vorräte versichern. Wein wird auf Bali erst seit Anfang der 1990er-Jahre angebaut, und zwar auf 34,5 Hektar an der Nordküste, durch die im südlichen Sanur ansässige Firma Hatten Wines. Ihr bekanntestes und vielleicht bestes Produkt ist ein leichter Rosé, doch produziert sie auch Riesling, Chardonnay, Shiraz, Merlot und sogar einen recht guten trockenen Sekt. Eine wesentlich längere Tradition in Indonesien kann die Braukunst aufweisen; bereits Ende der 1920er-Jahre begann man unter holländischer Kolonialherrschaft mit der Produktion von Bier. Die bekannteste Marke ist »Bir Bintang«, hergestellt von einer Heineken-Tochterfirma. Man bekommt es als Lager, als Pilsner und auch alkoholfrei. Für alle Sorten gilt indes, dass man sie unbedingt gut gekühlt konsumieren sollte. Das »Anker Bir Pilsener« finde ich recht süß und eher wässrig, ebenso das »Bali Hai Pilsener Bir«, etwas bitterer schmeckt das in Indonesien viel verkaufte Pils der philippinischen Brauerei San Miguel.

Überflüssig zu erwähnen, dass man auf Bali nicht nur Wasser, Kaffee (in der Regel eine Art Mokka samt Kaffeesatz, zu dem klebrig-süßliche Dosenmilch, *susu kental*, gereicht wird) und alkoholische Getränke erhält, sondern auch *teh* in verschiedenen Sorten, allerdings von nicht sehr intensivem Geschmack und daher mit enormen Mengen Zucker zubereitet. Fruchtsäfte bekommen Sie fast überall frisch gepresst oder, wie die gängigen Softdrinks, industriell abgefüllt im Supermarkt.

Natürlich erfrischt auch der Verzehr der Früchte selbst, deren Angebot auf den Märkten saisonal variiert. Ein besonders guter Durstlöscher ist der wässrige, süß-säuerlich schmeckende Rosenapfel (*jambu air*). Er wächst auf bis zu zehn Meter hohen Bäumen, die vielerorts als Schattenspender angepflanzt werden. Auch die *duku*, die samtartig behaarte, blassgelbe Frucht des an den nördlichen Berghängen angebauten Lansibaums weist einen säuerlichen Geschmack auf. Hat man ihre Schale entfernt, lassen sich die fünf oder sechs glasig-weißen, saftig-klebrigen Segmente leicht lösen; die grünen Samen sind allerdings recht bitter. Der kartoffelfarbige Breiapfel (*sawo*) schmeckt ähnlich wie eine Birne, die fünfzackige Sternfrucht (*belimbing*) wie eine Stachelbeere. Für Nierenkranke und Dialysepatienten ist die bei uns auch als essbare Deko verwendete Karambole allerdings tabu, bei ihnen kann das enthaltene Caramboxin, ein Nervengift, zu Erbrechen, Krampfanfällen und Bewusstseinsstörungen führen.

Neben schmackhaften Erdbeeren (*arbei* oder *stroberi*), die ausschließlich in der relativ kühlen Region um Bedugul kultiviert werden, baut man auf Bali unter anderem Ananas (*nanas*) an, die intensiver schmecken als die bei uns gekauften, saftige Mangos (*mangga*), glibberige, aber leckere Mangostanen (*manggis*), Maracujas (*markisa*) und Papayas (*pepaya*), die man vor dem Verzehr gewöhnlich mit Limettensaft beträufelt, sowie die mit den Litschis verwandte *rambutan* – ihr Name bedeutet »haarig«, und so sehen die Früchte auch aus. *Kelapa* heißt Kokosnuss, *jeruk* lautet die allgemeine Bezeichnung für Zitrusfrüchte, *jeruk manis*, also »süße Jeruk«, sind Orangen, *jeruk nipis* Limetten.

Als zweitbeliebtestes Obst der Deutschen nach den Äpfeln gelten die herzstärkenden und stimmungsaufhellenden Bananen, gute zehn Kilogramm verzehrt jeder im Jahr. Auf Bali wachsen über sechzig verschiedene Sorten. Probieren Sie nicht nur die *pisang raja*, die am ehesten den bei uns im Handel erhältlichen Exemplaren entspricht, und die besonders leckere, fingergroße *pisang mas*. Versuchen Sie auch Sorten wie die lange, dünne *pisang gancan*, die leicht zitronig schmeckt, die *pisang ketip* mit ihrem nussigen Aroma, die kleine und besonders süße »Milchbanane« *pisang susu*, die roten *pisang tembaga* und *pisang udang* oder die *pisang gadang*, die selbst in reifem Zustand ihre grüne Farbe behält. Die *pisang batu* allerdings ist voller harter Kerne und schmeckt zudem eher fad.

Über die ganze Insel verbreitet sind Jackfruchtbäume, deren hartes Holz gerne für Türen und Fenster verwendet wird. Ihre Scheinfrucht, *nangka* genannt, kann bis zu einem Meter groß und 50 Kilogramm schwer werden, darin findet man zahlreiche kleine Einzelfrüchte mit einem zwei bis drei Zentimeter großen Kern, umgeben von saftigem, süßem Fruchtfleisch. Einen noch penetranteren Geruch als die Jackfrucht verströmt, wie es ihr deutscher Name sagt, die zwischen einem und fünf Kilogramm schwere Stinkfrucht oder *durian*. Das malaiische Wort *duri* bedeutet Stachel, und so ähnelt die Frucht des Zibetbaums einem mittelalterlichen Morgenstern. Mich erinnert ihr bis zu 100 Meter weit verströmtes Bouquet, das ganze Hoteletagen verpesten kann, an eine Mischung aus altem Limburger, Terpentin und Urin; sind die Früchte überreif, stinken sie nach faulem Fleisch. Auch für das puddingartige, um nicht zu sagen schmierige Fruchtfleisch, das nach Vanille, Zwiebeln und Sauerkraut schmeckt, angeblich aber auch Noten von Schokolade und Frischkäse aufweist, kann ich mich nicht erwärmen. Überdies leidet man noch Stunden nach dem Verzehr unter starken Flatulenzen, die man selbst wenig geliebten Mitreisenden nicht zumuten möchte. Und wer meint, ein Verdauungsschnaps schaffe Abhilfe, riskiert geradezu unerträgliche Magenkrämpfe. Doch nicht nur unter Einheimischen erfreut sich die *durian* großer Beliebtheit, sie galt auch als Lieblingsfrucht der so tragisch verblichenen Lady Diana – aber die fand ja selbst an Prince Charles Geschmack. Wollen Sie die Stinkfrucht kosten, müssen Sie das übrigens vor Ort tun: In Passagierflugzeugen darf sie aus gutem Grund nicht transportiert werden.

So sättigend die nahrhafte *durian* sein mag, »etwas Warmes braucht der Mensch«. Und auf Bali muss es, selbst wenn es schnell gehen soll, keineswegs das mit diesem Slogan beworbene Fertigprodukt sein. In balinesischen Familien kocht man traditionell frühmorgens eine ausreichende Menge Reis für den ganzen Tag, ohne den keine der beiden täglichen, um viele kleine Snacks ergänzten Hauptmahlzeiten vollständig wäre, dazu Beilagen wie Gemüse,

Eier und Fisch oder seltener Fleisch. Man sitzt nur selten gemeinsam zu Tisch. Jedes Familienmitglied bedient sich bei Bedarf in der Küche, isst schnell, leise und alleine – das Essen ist daher oft lauwarm bis kalt. Hingegen nimmt die Vorbereitung von Festessen zu bestimmten zeremoniellen Anlässen mehrere Tage in Anspruch und ist Sache der Männer. Die Speisen werden exquisit dekoriert und während eines Bankets gemeinsam, wenn auch nach Geschlechtern getrennt, verzehrt.

Restaurants frequentieren die meisten Balinesen nur selten, doch auch unterwegs leidet niemand Hunger, denn überall am Straßenrand bieten zu fast jeder Tageszeit fahrende Garküchen leckere und preiswerte Mahlzeiten an. Bei diesen *kaki lima* handelt es sich um mobile Karren, mitunter auch nur um eine auf den Rücksitz eines Mopeds montierte Kochgelegenheit. Das Angebot jedes *kaki lima* beschränkt sich auf ein, zwei Gerichte, und Sie können davon ausgehen, dass diese Spezialität jahrelang perfektioniert wurde und folglich äußerst schmackhaft ist. Dasselbe gilt für die meisten *warung*, die oftmals mit Klapptischen und Plastikstühlen zum Verweilen einladen. In den Abendstunden formieren sich die *kaki lima* und *warung* vielerorts zu einem kleinen *pasar malam*, einem Nachtmarkt. Prinzipiell bietet das eine ideale Gelegenheit, die unverfälschte balinesische Küche kennenzulernen, doch entspricht die Hygiene nicht immer unserem Standard, und die Gefahr von Unverträglichkeiten ist für Touristen nicht zu unterschätzen.

Etwas größer ist die Auswahl in den *rumah makan,* den »Häusern des Essens«, einfachen Lokalen, deren Karte üblicherweise an der Wand hängt. Besonders beliebt bei den Einheimischen sind jene mit Spezialitäten aus West-Sumatra: *Masakan padang*, die Padang-Küche ist in ganz Indonesien verbreitet. Man bestellt nichts Bestimmtes, sondern sagt

»*mau makan*«, was so viel heißt wie »Ich möchte essen«. Dann wird einem eine Vielzahl von Gerichten in kleinen Schalen serviert, und man bezahlt am Ende das, was man tatsächlich konsumiert (oder probiert) hat. Mein liebstes Padang-Gericht ist das scharfe *rendang*. Über mehrere Stunden wird Rindfleisch zusammen mit Gemüse und Früchten, Zwiebeln, Knoblauch, Chili, Zitronengras, Galgant (gewonnen aus der gerne auch zur Zierde angepflanzten *Alpinia galanga*), Ingwer, Koriander, Kreuzkümmel, Fenchelsamen, Kurkuma und anderen Gewürzen in Kokosmilch geschmort. 2011 wurde *rendang* bei einer Umfrage von *CNN International* zum schmackhaftesten Gericht weltweit gewählt – auf Platz 17 landete italienisches Eis, auf Platz 18 das französische Croissant, auf Platz 33 die spanische Paella und auf Platz 42 der Hamburger. Nun ja.

In den Touristenorten servieren fast alle Restaurants neben Pizza und Pasta, Steaks und Burgern dem westlichen Geschmack angepasste, also stark abgemilderte Standardgerichte wie *nasi goreng, mi goreng, cap cai*, die indonesische Variante des chinesischen Pfannengemüses Chop Suey, und *gado-gado*, blanchiertes Gemüse mit süßer Erdnusssoße. Doch konkurriert dort selbstverständlich die ganze gastronomische Palette, von Filialen amerikanischer Fast-Food-Ketten bis zu Gourmettempeln. Sie können in Nusa Dua original britischen High Tea einnehmen, in Sanur andalusische Gazpacho oder italienische Spaghetti Carbonara genießen und in Ubud Apfelstreusel und Vollkornbrot kaufen. An jeder dritten Ecke können Sie thailändisch, japanisch oder mexikanisch speisen, und wer selbst im Urlaub nicht darauf verzichten will, kann sich im »Mama's« in Kuta an Schweinereien wie Würsten, Kassler und Haxen delektieren und dazu ein Erdinger Weißbier bestellen, oder im »Deutschen Eck« in Lovina Rouladen, Spätzle und Rotkohl oder Leberkäse mit Spiegelei verzehren. Es gibt auf Bali noch etliche weitere Lokalitäten, die deutsches oder österreichisches Essen, von der Currywurst bis zum Schnitzel, offerieren; heimwehkranke Schweizer mögen sich im »Fonduestübli« in Legian an Käsefondue und Raclette, Zürcher Geschnetzeltem und Wurstsalat erfreuen.

Ich kann Ihnen aber nur ans Herz legen, sich auf die möglichst unverfälschte einheimische Küche einzulassen, auf scharfe Kokosnusscurrys und raffinierte Fischgerichte, wie sie Restaurants abseits der Touristenmeilen für wenig Geld anbieten. Doch selbst im berühmten »Cafe Lotus« in Ubud, das einen unbezahlbar schönen Blick auf einen blühenden Lotosteich und einen fotogenen Tempel bietet, den der Göttin der Weisheit und der Künste gewidmeten Pura Taman Saraswati, habe ich für Vorspeise, Hauptgericht, Dessert und eine Flasche Wasser weniger bezahlt als auf dem Markusplatz in Venedig für einen Cappuccino. Überhaupt kann das kulturelle Zentrum Ubud mit seinen teilweise hoch ambitionierten Restaurants auch als kulinarisches Mekka der Insel bezeichnet werden, obgleich natürlich auch in Jimbaran, Kuta, Nusa Dua oder Sanur hervorragend gekocht wird. Die meisten verbinden die lokale kulinarische Tradition mit der anderer Länder und Erdteile zu einer überaus schmackhaften Fusions- oder Crossover-Küche. Mein persönliches Lieblingsrestaurant seit nunmehr zwei Jahrzehnten ist indes das 1986 eröffnete »Cafe Wayan«, das sich all die Jahre treu geblieben ist und daher längst als Institution gilt. Es liegt recht unscheinbar in der Jalan Monkey Forest, erstreckt sich aber in einen überraschend großen, geradezu paradiesischen Garten. Neben landestypischen Gerichten stehen thailändische Currys und frische Salate auf der Karte, die hausgemachte Patisserie ist unschlagbar und das Dessert »Death by chocolate« wirklich zum Sterben gut.

Übrigens können Sie im »Cafe Wayan« auch balinesisch kochen lernen. Solche – teilweise nicht ganz billigen, aber lehrreichen und durchaus unterhaltsamen – Kurse bieten viele Hotels und Restaurants an, darunter in Ubud das »Mozaic« und das »Casa Luna«, in Singaraja das »Warung Bambu Pemaron« und in Tanjung Benoa das für seine authentische Küche mehrfach ausgezeichnete »Bumbu Bali«. In der Regel beginnen die eintägigen Lehrgänge am frühen Morgen mit einem gemeinsamen Marktbesuch, bevor man den richtigen Umgang mit dem landestypischen Küchenequipment übt, beispielsweise dem *batu base*, einem flachen Mörser aus Vulkangestein, in dem die Gewürze zerstoßen werden, oder dem aus Bambus geflochtenen *kukusan*, in dem man Reis dämpft. Im Zentrum steht selbstverständlich die Zubereitung verschiedener Gewürzpasten und Sambals, Fleisch-, Fisch- und Gemüsegerichte, es gibt aber auch spezielle Lektionen für Vegetarier und Veganer.

Doch kehren wir zurück ins Restaurant. Dort werden Sie fast immer nur Gabeln und Löffel, aber keine Messer auf den Tischen finden, denn die Speisen sind schon mundgerecht zubereitet. Der Löffel gehört in die Rechte, die Gabel bekanntlich in die Linke, Balinesen indes essen gewöhnlich mit den Fingern der rechten (aber niemals der »unreinen« anderen) Hand. Serviert werden die Gerichte, sobald sie zubereitet sind, was in den kleinen Küchen nur nacheinander möglich ist. Es empfiehlt sich daher nicht, höflich mit dem Essen zu warten, bis alle Anwesenden bedient sind, zumal viele Speisen ohnehin nur lauwarm auf den Tisch kommen.

Führt die Karte weder Fotos der Gerichte, noch deren Namen in Englisch, Chinesisch, Japanisch, Russisch oder Deutsch auf, ist das ein gutes Zeichen und kein Grund zur Besorgnis. Es ist gar nicht so schwer, sich auch mit rudimentären Sprachkenntnissen zurechtzufinden. *Goreng* heißt gebraten, und außer *nasi*, also Reis, und *mi*, Nudeln, brät man zum Beispiel *ayam* (Huhn), *bebek* (Ente), *babi* (Schwein), *ikan* (Fisch) oder *udang* (Garnele). Das scheinbar komplizierte Gericht *nasi goreng ayam udang* ist also nichts anderes als gebratener Reis mit Hühnchen und Garnelen. *Bakar* bezeichnet Gegrilltes, ordern Sie *ayam bakar*, erhalten Sie Grillhähnchen. Wenn Sie nun noch wissen, dass *soto* Suppe heißt, bedarf es schon keiner weiteren Erklärung mehr, was sich hinter der Bezeichnung *soto ayam* verbirgt, nämlich Hühnersuppe mit Kokosmilch, Zitronengras und Kurkuma – nicht zu verwechseln allerdings mit *sate ayam*. *Sate* sind Spießchen aus Bambus mit gewürztem Fleisch wie Huhn, Schwein (klar doch: *sate babi*), Ente (*sate bebek*), Lamm (*sate kambing*) oder Rind (*sate sampi*), mit Garnelen (*sate udang*) oder Fisch (*sate ikan*), die gegrillt und mit Erdnuss- oder Chilisoße serviert werden. Für *sate lilit* hackt man Fische und Garnelen, vermischt die Masse mit Kokosnuss, Salz, Zucker und Gewürzen und presst sie um einen Zitronengrasstängel.

Die opulente *rijsttafel*, ein Relikt aus holländischen Kolonialzeiten, besteht aus *nasi putih*, weißem Reis, und verschiedenen Speisen, vom in Kokosmilch geschmorten Rindfleisch (*be sampi mebase bali*) bis zum im Bananenblatt gegrillten Fisch (*pesan be pasih*), vom Thunfischsalat mit Zitronengras (*sambel be tongkol*) bis zum Meeresfrüchtecurry (*hasil laut bumbu kuning*). Üblicherweise werden dazu auch *kerupuk udang* gereicht, die bei uns unter dem holländischen Namen *kroepoek* bekannten Krabbenchips. Der kleinere Bruder der *rijsttafel* ist *nasi campur*, auch dabei handelt es sich um Reis mit verschiedenen Fleisch-, Fisch- und Gemüsegerichten, mit Nüssen, Tofu, Rührei oder hart gekochten Eiern und *kerupuk udang*. *Nasi kuning* wird mit Kurkuma, das ihm die namensgebende gelbe Farbe verleiht, Geflügelfond und Kokosmilch gekocht, zu einem Kegel geformt und ebenfalls mit verschiedenen Gerichten serviert. Wenn Sie lukullisch etwas heikel sind, sollten Sie eine gewisse Vorsicht walten lassen, denn gelegentlich zählen auch Kuhhirn und Lunge dazu, meist aber *ayam goreng, balado udang* (feurig-scharfe Chiligarnelen), *jukut urab* (ein süßsaurer Salat aus klein gehackten Bohnen, Spinat, Sprossen und Kokosraspeln) und frittiertes *tempeh* aus dem Wok. Dieses proteinreiche Sojaprodukt, das bei uns seit einigen Jahren als Fleischersatz dient, kennt man in Indonesien seit über 2000 Jahren: Geschälte und in Wasser eingeweichte Bohnen werden mit essbaren Schimmelpilzkulturen beimpft und fermentiert.

Eine besondere Spezialität und der Höhepunkt eines Festmahls, in den meisten Restaurants allerdings nur auf Vorbestellung erhältlich, ist *babi guling*: ein Hängebauchschwein, oftmals noch ein Ferkel, mit Kräutern und Gewürzen gefüllt und am Bambusspieß über dem offenen Feuer geröstet. Dabei wird es regelmäßig mit einer Mischung aus Kokosnussöl und Kurkuma übergossen und erhält so eine leuchtend orange Farbe.

Das enorm populäre, meist auf einem Bananenblatt angerichtete *lawar* verdirbt schnell und wird daher unmittelbar nach der Zubereitung verspeist. Es besteht – in vielen Dutzend Varianten – aus fein gehacktem Fleisch oder Innereien wie Kutteln und Leber, vermischt mit Gemüse, Kokosnuss, Kräutern, Gewürzen und Schweineblut. Gelegentlich wird *lawar* auch mit Schildkrötenfleisch oder sogar mit zerstoßenen Libellen zubereitet, es gibt aber auch das vegetarische *lawar nangka* aus junger Jackfrucht. Der für unsere Gaumen ungewohnte Geschmack ist nicht jedermanns Sache. Laden Balinesen Ausländer zu dieser Delikatesse ein, stellen sie zuvor gerne die Frage »*Bani ngajeng lawar?*« – »Bist du mutig genug, *lawar* zu verzehren?« Das oftmals viele Stunden dauernde Zerkleinern der Zutaten mit dem *belakas*, einem Zwischending zwischen Hackbeil und Axt, ist übrigens Männersache und ein derart beliebter Anlass, sich mit Freunden auf einen ausgiebigen Schwatz, ein paar Gläser *arak* und viele Zigaretten zu treffen, dass sogar ein spezieller Ausdruck dafür existiert: *mebat*.

Als Festtagsessen gilt auch die *bebek betutu*, eine mit Kurkuma, Chili, Knoblauch, Koriander, Ingwer und Krabbenpaste marinierte und oftmals auch mit Gewürzpaste gefüllte Ente, die stundenlang in Bananenblättern zart gegart und mit scharfer Zitronensoße serviert wird. *Donal bebek* hingegen eignet sich nicht zum Verzehr – so heißt in Indonesien Donald Duck.

Desserts spielen in der balinesischen Küche eine relativ marginale Rolle, doch schätzen viele Urlauber den typischen Pudding aus schwarzem Klebreis (*bubur injin*), kleine Reismehlknödel in Palmzuckersoße (*jaja batun bedil*) und neongrüne süße Pfannkuchen mit Kokosnussfüllung, *dadar gulung* genannt. Auch *es krim* wird vielerorts angeboten, manchmal sogar als *es krim goreng*, eine panierte Speiseeiskugel, die kurz in heißem Öl frittiert wird. Ich bevorzuge *pisang goreng*, gebratene Bananen, und *buah-buahan*, gemischtes Obst.

So manches noch ließe sich ergänzen, doch grau, teure Freunde, ist bekanntlich alle Theorie, und grün des Lebens goldner Baum. Zudem sind die Geschmäcker verschieden. Also auf, entdecken Sie Ihre Lieblingsgerichte selbst – kulinarische Neugier lohnt sich allemal. Guten Appetit, *selamat makan!*

On the road

Wo auch immer Sie auf Bali logieren – es wäre geradezu sträflich, nicht auch andere Gegenden zu erkunden, sei es auf eigene Faust oder bei organisierten Ausflügen, zumal jeder Ort der Insel in maximal dreieinhalb bis vier Fahrstunden erreichbar ist. Abgesehen von der Eisenbahn, die auf Bali nicht existiert, und dem Flugzeug, dessen Einsatz sich innerhalb des Eilandes nicht lohnen würde (die Firma Air Bali in Pelabuhan Benoa bietet allerdings Transfers und Rundflüge im Helikopter an), stehen Ihnen dafür sämtliche Verkehrsmittel zur Verfügung.

Heuern Sie einen Fahrer mit Wagen an oder mieten Sie ein Auto oder ein Motorrad, sofern Sie im Besitz des entsprechenden Internationalen Führerscheins sind. Andernfalls können Sie in Denpasar durch eine entsprechende Prüfung den Motorradführerschein erwerben, er gilt aber nur sechs Wochen und ausschließlich auf Bali. Tankstellen finden Sie im Süden der Insel überall, in den übrigen Gebieten verkaufen Lebensmittelhändler und Stände an der Straße das Benzin flaschenweise. Sportive Menschen fahren indes womöglich lieber mit einem Fahrrad, das sich vielerorts ausleihen lässt (fragen Sie am besten in Ihrem Hotel), doch ist das im von tiefen Tälern durchzogenen Inselinneren eine schweißtreibende Angelegenheit.

Verschiedene Reiseveranstalter bieten mehrtägige organisierte Rundreisen auf dem Drahtesel an, andere offerieren Gruppenausflüge mit dem Mountainbike. Verfügen Sie wie ich über eine bestenfalls als moderat zu bezeichnende Kondition, werden Sie eine jener Tages- oder Halbtagestouren bevorzugen, die hauptsächlich bergab führen und damit keine allzu große sportliche Herausforderung darstellen. Ein Kleinbus holt Sie morgens in Ihrem Hotel oder Homestay ab und bringt Sie zum Ausgangspunkt der Radtour im nördlichen Bergland, zum Beispiel in der Gegend von Kintamani, einem Straßendorf in 1470 Meter Höhe, westlich des Gunung Batur. Nachdem Sie dort mit Aussicht auf den majestätischen Vulkan gefrühstückt haben, radeln Sie unter Führung eines kundigen Guides und in einer Gruppe von etwa einem Dutzend Personen abwärts, vorbei an Kaffee- und Teeplantagen, die zur Degustation einladen, sowie an Reisfeldern entlang und durch Dörfer, wo Sie ein traditionelles Wohnhaus besuchen und zum Abschluss der Tour ein Büfettessen erhalten, bevor man Sie zurück zu Ihrer Unterkunft bringt.

Wollen Sie nicht in die Pedale treten, können Sie sich natürlich zu den Highlights der Insel chauffieren lassen. Nahezu überall werden standardisierte Ausflüge angeboten, auf denen Sie in einem halben oder ganzen Tag mehrere Sehenswürdigkeiten besuchen. In der Regel handelt es sich dabei um *private tours*, also eigentlich einen Mietwagen mit Fahrer, welcher zugleich als Führer dient und meist recht passabel Englisch spricht. Wollen Sie einzelne Programmpunkte austauschen oder haben spezielle Interessen, sollte das kein Problem darstellen – verhandeln Sie den Preis aber immer vorab, und achten Sie darauf, ob allfällige Eintrittsgelder inkludiert sind. Ihr Gefährt kann eine Limousine oder ein Van beispielsweise von Suzuki, Daihatsu oder Toyota sein, das gebräuchlichste Modell aber ist der Mitsubishi Colt, ein Kleintransporter, der bei uns unter dem Namen Delica vertrieben wird, weswegen viele Balinesen *colt* (ausgesprochen: kol) als Bezeichnung für die ganze Gattung verwenden – so wie Sie wahrscheinlich von Tesafilm, Pampers und Labello sprechen.

Im Süden der Insel, aber nur dort, finden Sie an jeder zweiten Straßenecke Taxis. Empfehlenswert sind die hellblauen Wagen der Blue Bird Group, deren Schild die Aufschrift »TAKSI« und darüber eine hellblaue Raute mit einem dunkelblauen fliegenden Vogel trägt. Ihre Fahrer gelten – im Gegensatz zu etlichen Kollegen – als ehrlich: Sie schinden keine Kilometer durch das Fahren überflüssiger Umwege, und die Taxameter funktionieren korrekt. Um Missverständnisse auszuschließen, sollten Sie den Fahrer das Fahrziel wiederholen lassen und darauf achten, dass er den Taxameter auch wirklich einschaltet. Bietet er am Ziel an, auf Sie zu warten und Sie auch retour zu fahren, können Sie wahlweise die Uhr weiterlaufen lassen oder eine Pauschale aushandeln. Auf alle Fälle sollten Sie nicht nur große Geldscheine bei sich tragen – clevere Fahrer geben vor, kein Wechselgeld herausgeben zu können, um so ein möglichst üppiges Trinkgeld einzustreichen.

Sind Sie in taxilosen Gegenden wie zum Beispiel in Ubud unterwegs, werden Sie in enervierend kurzen Abständen angehupt oder von herumlungernden Balinesen angesprochen: »Boss, transport, boss?« Kaum jemand hier lässt die Gelegenheit verstreichen, sich als Fahrer etwas dazuzuverdienen, nicht wenige leben sogar davon. Verhandeln Sie gut, bevor Sie zusteigen – der zuerst genannte Preis liegt mit ziemlicher Sicherheit um einiges höher als der marktübliche. Sind Sie nicht interessiert, genügt in der Regel ein freundliches Nein: *tidak*. Sie hören dann ein ebenso freundliches, aber hartnäckiges »Maybe tomorrow?« Und seien Sie versichert: Man erinnert sich an Ihr Gesicht!

Manche Touristen lassen sich gerne in einem *becak*, einer dreirädrigen Fahrradrikscha, wie sie eigentlich auf Java gebräuchlich ist, oder einem *dokar* herumkutschieren: einer einspännigen, einachsigen Pferdedroschke, die noch in den 1970er-Jahren das wichtigste Transportmittel in Denpasar war, im heutigen Verkehrsgetümmel indessen deplatziert wirkt. Die wenigen übrig gebliebenen *dokar*-Fahrer Balis warten heute vor allem in Kuta und Legian auf ihre touristische Klientel. Besuchen Sie die nordöstlich von Lombok gelegenen Gili-Inseln, auf denen motorisierte Fahrzeuge verboten sind, sind Sie allerdings auf ein *cidomo*, wie die Pferdekutsche dort genannt wird, nahezu angewiesen. Der Name ist eine Aneinanderreihung der Anfangsbuchstaben von *cikar*, der Bezeichnung für einen zweirädrigen Karren, *dokar* und *mobil*.

Die günstigste Transportmöglichkeit für weitere Strecken war viele Jahre lang der *bemo*, ein überdachter Pick-up mit zwei Holzbänken, der klein genug ist, die schmalen, kurvenreichen Nebenstraßen der Insel zu bewältigen. Seit jedoch immer mehr Balinesen eigene Kraftfahrzeuge besitzen, sind die einst überall verkehrenden *bemo* mancherorts bereits zur Rarität geworden. Einige Bali-Besucher schwärmen davon: Statt im eisigen Luftzug einer Klimaanlage sitzt man in diesen offenen Gefährten an der frischen Luft, und nirgends kommt man mit den Einheimischen wohl enger in Kontakt. Doch seien wir ehrlich: Die Luft ist nur selten erfrischend, sondern enorm staubig und meist drückend schwül, der

Qualm der Abgase quälend. Sie müssen sich hautnah mit möglicherweise olfaktorisch bedenklichen Individuen zusammenquetschen und teilen den spärlichen Platz im holprigen Gefährt überdies mit Hühnern und sonstigem Getier. Nicht zuletzt ist diese Art des Reisens überaus langsam.

Andererseits wollen Sie ja Land und Leute kennenlernen, und vielleicht verfügen Sie im Gegensatz zu mir über die seltene Paarung von engelgleicher Geduld und verwegener Abenteuerlust. Nun denn, auf zur *bemo*-Fahrt, solange diese Möglichkeit noch existiert – zumal es sich inzwischen oft um einigermaßen erträgliche Minibusse handelt. In manchen Orten gibt es kleine Busbahnhöfe, in Denpasar sogar mehrere: Von Ubung fahren die *bemo* in den Norden und Westen Balis, dort starten zudem die Überlandbusse nach Java. Batubulan ist der Startpunkt für Fahrten ins Inselzentrum und in den Osten, Tegal für Fahrten Richtung Süden und Südwesten. Nur diese drei Terminals sind für Sie von Interesse, die übrigen, darunter Gunung Agung, Sanglah und Kereneng, bedienen ausschließlich lokale Routen, und angesichts der hochkomplizierten Streckenpläne sollten Sie für Fahrten innerhalb der Stadt und ihrer weiteren Umgebung ein Taxi nehmen, das unter Umständen sogar billiger ist und mit dem Sie wesentlich schneller ans Ziel gelangen. Fahrpläne mit festgelegten Abfahrtszeiten existieren nämlich nicht; der Minibus setzt sich in Bewegung, wenn der Fahrer die Zahl der Passagiere als ausreichend erachtet – und bis dahin kann es Stunden dauern. Allenfalls am frühen Morgen können Sie davon ausgehen, dass die *bemo* rasch gefüllt sind, ab dem späten Nachmittag werden Sie darüber hinaus Schwierigkeiten haben, überhaupt eine Transportmöglichkeit zu finden.

Nennen Sie dem Fahrer den Ort, an dem Sie wieder aussteigen wollen. Er wird Ihnen daraufhin den Fahrpreis sagen – und, wenn er Sie als Touristen erkennt, auf alle Fälle doppelt, vielleicht aber auch zehnmal so viel verlangen wie von Ihrem Banknachbarn; die Beförderung von Gepäck, das nicht auf den Schoß passt, kostet zusätzlich. Wie fast überall ist die Summe letztlich Verhandlungssache. Wenn möglich, sollten Sie sich vor dem Einsteigen bei einem vertrauenswürdigen Einheimischen nach dem üblichen Tarif erkundigen.

Eine Zeit lang standen *bemo*-fahrende Touristen übrigens im Visier von Gepäck- und Taschendieben – werden Sie misstrauisch, sobald ein Käfig mit Hähnen so vor Ihrer Reisetasche platziert wird, dass Sie sie aus dem Blick verlieren. Wenn sich der Bus an einem abgelegenen Ort unversehens leert und Sie dann erst bemerken, dass zugleich Ihr Gepäck ausgestiegen ist, ist es längst zu spät.

Möchten Sie nicht am Busbahnhof, sondern irgendwo an der Route zusteigen, können Sie das durch Handzeichen signalisieren und den Fahrer fragen, ob Ihr Reiseziel auf seinem Weg liegt. Gelegentlich ist auch ein »Assistent« an Bord, *kenek* genannt (vom holländischen *knecht*), der laut, aber leider nur selten verständlich, das Fahrziel ausruft und beim Einsteigen hilft, dabei jedoch vor allem bemüht ist, das Gefährt so voll wie möglich zu stopfen; er kassiert auch den Obolus für die Fahrt.

Wesentlich komfortabler, allerdings teurer, sind Überlandfahrten mit den klimatisierten Bussen der Firma Perama, die überdies Ausflüge per Boot auf die Nachbarinseln anbietet. Ihre Shuttlebusse verkehren (meist) planmäßig und auf manchen Strecken mehrmals täglich zwischen Orten wie Kuta, Sanur, Ubud, Lovina, Padang Bai, Candi Dasa, Tirtagangga und Senggigi. Sie sollten am besten am Tag zuvor reservieren, Retourbilletts sind günstiger als zwei Einzelfahrten, das Datum der Rückfahrt muss beim Kauf noch nicht festgelegt werden. Im Süden Balis empfehlen sich die komfortablen Kura-Kura-Busse mit 12 oder 29 Sitzen, Klimaanlage und Wi-Fi. Auf neun verschiedenen Linien verbinden sie unter anderem Seminyak, Legian, Jimbaran, Nusa Dua und Ubud mit einem zentralen Umsteigebahnhof, der sich nahe der großen Shoppingmall »Galeria« in Kuta befindet. Busse beispielsweise nach Legian fahren von dort alle 40 Minuten, nach Ubud immerhin viermal täglich. Sie können an verschiedenen Ticketschaltern in Kuta, Legian und Seminyak oder direkt im Bus Einzeltickets lösen, »Kura-Kura Coins« genannt, eine Tageskarte oder die für mehrere Fahrten gültige »Kura-Kura Card« mit einem bestimmten Guthaben erwerben.

Es wäre selbstverständlich unmöglich, alle lohnenswerten Destinationen der Insel aufzuzählen, geschweige denn sämtliche 20 000 Tempel zu beschreiben, und auch nach zwanzig Jahren regelmäßiger Bali-Besuche entdecke ich bei jedem Aufenthalt Neues. Zumindest einen groben Überblick will ich Ihnen jedoch geben.

Mein Favorit, das haben Sie sicher gemerkt, ist Ubud, das kulturelle Zentrum Balis. Dort schlägt das Herz der Insel, nirgendwo gibt es bessere Kunstmuseen und Galerien, nirgendwo können Sie allabendlich zwischen mehr Tanz- und Theateraufführungen wählen. Bummeln Sie über die von Geschäften gesäumte, in der Hochsaison mittlerweile allerdings mit Autos verstopfte und von Touristen überfüllte Jalan Wenara Wana (besser bekannt als Monkey Forest Road) zum Affenwald, oder schlendern Sie die Jalan Raya Ubud vom Puri Saren Agung, dem Wohnsitz der königlichen Familie, in Richtung Westen vorbei am pittoresken Pura Taman Saraswati zum Museum Puri Lukisan und weiter durch einen von zahlreichen Bunut-Bäumen und ihren herabhängenden Luftwurzeln gebildeten »Tunnel« nach Campuhan. Von dort erreichen Sie über eine steile Betontreppe unweit des »Tjampuhan Hotels« das inmitten von Reisfeldern gelegene Malerdorf Penestanan oder, wenn Sie die Jalan Raya Sanggingan bergwärts gehen, das Neka Art Museum – mir ist es das liebste aller Kunstmuseen. Hat Sie der Kulturgenuss erschöpft, bieten zahllose Cafés und Restaurants Köstlichkeiten und fast ebenso viele Massagesalons Entspannung an. Mithilfe verschiedenster Yoga- und Meditationskurse, aber auch des einen oder anderen Heilers findet man zur Harmonie von Körper, Geist und Seele – vielleicht genügt dazu aber auch ein kontemplativer Spaziergang durch die umliegenden Reisfelder oder der Blick von der Hotelterrasse ins üppige Grün.

Seine zentrale Lage macht Ubud zum idealen Ausgangspunkt für Entdeckungen. Viele kunsthistorische Highlights befinden sich in unmittelbarer Nähe und lassen sich auf leicht zu bewältigenden Touren erkunden. Ein Beispiel? Ein Muss ist der Besuch der gerade mal zehn Fahrminuten südöstlich von Ubud gelegenen Goa Gajah. Betritt man die T-förmige Höhle durch den riesigen steinernen Schlund eines Dämons (der entgegen einer weitverbreiteten Behauptung nicht als Filmkulisse für »Indiana Jones und der Tempel des Todes« gedient hat) und fällt angesichts der stickigen Luft nicht sofort in Ohnmacht, sondern gewöhnt die Augen an die Dunkelheit, erkennt man eine Statue des elefantenköpfigen Gottes Ganesha, einen *lingam*, das Phallussymbol des Gottes Shiva, und sein weibliches Gegenstück, *yoni* genannt. Einen 20-minütigen Spaziergang in südöstlicher Richtung entfernt befinden sich die 27 Meter langen Reliefs von Yeh Pulu, die Szenen aus dem balinesischen Alltagsleben zeigen und vermutlich im 14. Jahrhundert in den Fels gehauen wurden. Der Weg bergwärts in Richtung

Tampaksiring führt vorbei am archäologischen Museum Purbakala von Pejeng, das neben weiteren Artefakten aus ganz Bali schildkrötenförmige Steinsarkophage aus dem 2. Jahrhundert vor Christus ausstellt, zum Pura Kebo Edan, dem Tempel des »verrückten Wasserbüffels«. Er beherbergt eine siebenhundert Jahre alte steinerne Kolossalstatue, die vermutlich den Helden Bima aus dem bekannten indischen Mahabharata-Epos darstellt, großzügig ausgestattet mit einem enormen Geschlechtsteil, das, womöglich aus erotischen Gründen, mit Noppen besetzt ist – manche Wissenschaftler vermuten hier das Zentrum eines tantrischen Geheimkults. Zum nur 250 Meter entfernten, 1329 erbauten Pura Pusering Jagat, dem Tempel des »Nabels der Welt«, pilgern kinderlose Paare, um an den steinernen *lingam* und *yoni* um Nachwuchs zu bitten.

Im inneren Hof des Pura Penataran Sasih, des nur wenige Gehminuten weiter nördlich gelegenen einstigen Staatstempels von Pejeng, können Sie den »Mond von Pejeng« bestaunen, eine sanduhrförmige, mit acht stilisierten Köpfen verzierte Kesseltrommel aus Bronze, die aus dem 3. vorchristlichen Jahrhundert stammt und die weltweit größte ihrer Art sein soll. Der Legende nach ist dieser Klangkörper der vom Himmel in das Geäst eines Baumes gestürzte dreizehnte Mond – vielleicht aber auch der Ohrring des Riesen Kebo Iwa oder der Mondgöttin, vielleicht auch ein Rad ihres Wagens ... Sein helles Leuchten störte eine Diebesbande bei ihren Machenschaften, einer der Strolche kletterte auf den Baum und urinierte auf den Mond, der explodierte und erloschen zu Boden fiel.

Haben Sie das Dorf Tampaksiring erreicht, weist Ihnen ein Schild den 300-stufigen Weg vorbei an Verkaufsständen und terrassierten Reisfeldern hinab in die grün bewachsene Schlucht des Flusses Pakerisan und zum zweifellos eindrucksvollsten aller frühbalinesischen Monumente: Gunung Kawi ist ein absoluter Höhepunkt jedes Inselbesuchs. Kommen Sie am besten morgens oder am späteren Nachmittag und vermeiden Sie so die Stoßzeiten in diesem balinesischen »Tal der Könige« – und die größte Hitze, die vor allem auf dem Rückweg treppauf zu schaffen machen kann. Neun aus dem Fels gemeißelte Schreine, *candi*, in sieben Meter hohen Felsnischen, fünf davon östlich, die anderen vier westlich des Pakerisan, erinnern an Mitglieder einer Herrscherfamilie aus dem 10. oder 11. Jahrhundert; fälschlicherweise werden die massiven Denkmäler, die der Riese Kebo Iwa in einer einzigen Nacht mit seinem Fingernagel aus dem Vulkangestein geritzt haben soll, oft als Königsgräber bezeichnet. Auch einige Meditationsnischen und eine labyrinthartige Höhle, die als Mönchsklause diente, kann man besichtigen, sofern man bereit ist, seine Schuhe auszuziehen; etwas entfernt steht noch ein zehnter *candi*.

Nördlich von Tampaksiring führt eine Straße zu den heiligen Quellen von Tirta Empul, denen der Gott Indra magische Kräfte verliehen haben soll. Seit dem Jahr 962 kommen gläubige Hindus hierher, um sich in den verschiedenen Becken spirituell zu reinigen oder Krankheiten zu heilen. Auch als Tourist dürfen Sie sich von allen Übeln reinwaschen, sofern Sie dabei einen Sarong und als Frau zudem eine Bluse oder ein T-Shirt tragen. Das Wasser gilt auch als Quelle der Kraft, und so treten Sie nach dem Bad die Rückreise nach Ubud, die mit dem Auto nicht mehr als eine halbe Stunde dauert, gestärkt an – und nass, denn es gibt keine Umkleidemöglichkeit.

Apropos nass: Ubud ist auch eine ideale Basisstation für sportliche Aktivurlauber. Am besten lässt sich der Adrenalinspiegel bei einer Wildwasserfahrt in die Höhe treiben. Das Leben mag ein langer, ruhiger Fluss sein, die Fahrt im

Schlauchboot den nahen Ayung hinunter ist rasant, eignet sich aber dennoch selbst für Anfänger und Familien. Der unweit des Pura Besakih gelegene Telaga Waja punktet hingegen bei Abenteuerlustigen mit seinen Engpässen und Stromschnellen, kurz vor Ende der Fahrt sorgt ein vier Meter hoher Wasserfall für Nervenkitzel. Verschiedene Agenturen bieten geführte Raftingtouren auf diesen und weiteren Flüssen an. Die Abholung im Hotel, ein Mittagessen und der Rücktransport sind dabei in der Regel ebenso im Preis inbegriffen wie natürlich Helme, Schwimmwesten, Handtücher, fachkundige Sicherheitsinstruktionen – und eine Unfallversicherung.

Den deutlichsten Kontrast zum noch immer idyllischen Inselinneren liefert der laute und grelle Küstenort Kuta im Süden Balis, der in den 1960er-Jahren von den Hippies entdeckt wurde und sich heute fest in der Hand des Massentourismus befindet. Manch einer behauptet, zwischen Horden von Australiern, die sich in Karaokebars und Chill-out-Lounges mit »Bintang«-Bier zudröhnen, ahne man schnell, dass der Ballermann auf Malle allenfalls die Vorhölle sei. Ganz unberechtigt mag dieses Vorurteil nicht sein, doch ist es keineswegs gerecht. Natürlich erleben Sie in Kuta und dem nördlich angrenzenden Legian nicht das »typische Bali«, sondern allenfalls einen minimalen Ausschnitt davon. Dafür bieten die ineinander übergehenden ehemaligen Fischerdörfer insbesondere jüngeren Reisenden alles, was man von einer internationalen Feriendestination erwarten kann. Das vielfältige Angebot an Unterkünften und Restaurants aller Preisklassen ist immens, ein Bummel durch die quirlige Jalan Raya Legian durchaus amüsant: vorbei an Eisständen, bierdunstgeschwängerten Bars, Massagesalons aller Couleur, deren Angestellte lautstark um Kunden buhlen,

Studios, in denen man sich sämtliche Körperteile piercen oder tätowieren lassen kann, Verkaufsfilialen trendiger Markenhersteller und kleinen Shops, die gefälschte Parfüms, raubkopierte DVDs und allerlei Tinnef feilbieten – noch beliebter als lokaltypische Souvenirs scheinen hier indianische Traumfänger zu sein. Daneben gibt es in Kuta zahlreiche weitere Einkaufsmöglichkeiten, vom alteingesessenen Matahari Department Store, einem Kaufhaus mit relativ günstigen Preisen im »Kuta Square Shopping Center«, bis zum gehobenen Markensortiment des auch architektonisch ansprechenden »Beachwalk Shopping Centers«, das einen guten Kilometer weiter nördlich an der Jalan Pantai Kuta liegt und erst 2012 seine Pforten geöffnet hat.

Wer die Augen offen hält, kann indes trotz des scheinbar international standardisierten Angebots kaum übersehen, dass er sich auf Bali aufhält. Immer wieder stößt man auf eine steinerne Götterskulptur, einen kleinen Haustempel oder zumindest ein nach Räucherstäbchen duftendes *canang* – und selbst bei McDonald's schiebt man nicht nur den bestens bekannten Big Mac mit Pommes frites, sondern auch lokaltypisches Huhn mit Reis über die Theke.

Kutas Nachtleben ist legendär und hat sich längst von jenem Anschlag am 12. Oktober 2002 erholt, dem bei zwei Bombenexplosionen in »Paddy's Bar« und vor dem »Sari Club« insgesamt 202 Menschen zum Opfer fielen, darunter sechs Deutsche und drei Schweizer, und für den die islamistische Terrororganisation Jemaah Islamiyah verantwortlich zeichnete. In einer komplizierten Zeremonie haben die Balinesen die Orte der Detonationen von bösen Geistern gereinigt, die Attentäter und Drahtzieher wurden gefasst und die meisten von ihnen hingerichtet. Zwar mussten nach dem Anschlag viele Veranstalter Bali kurzfristig aus ihren Katalogen streichen, und der Tourismus war von 1,3 Millionen auf 900 000 Besucher jährlich eingebrochen, doch heute strömen mit über vier Millionen mehr Urlauber denn je auf die Insel. Auch nach Kuta selbst sind die Partyhungrigen zurückgekehrt, und so steht die schwarze Marmortafel mit den Namen der Toten, die an das Grauen erinnert, inmitten einer lebhaften Amüsiermeile. Schon in der Abenddämmerung locken Bars, Pubs, Cocktail-Lounges und Discos mit greller Neonreklame und wummernden Technobeats, zur Happy Hour gibt es Shooters mit Namen wie »White Pussy« oder »Quick Fuck« günstiger, das eigentliche Nachtleben auf den klimatisierten Dancefloors beginnt jedoch erst nach Mitternacht. Die angesagten Klubs wechseln freilich so häufig, dass jede Empfehlung obsolet ist.

Kutas schier endloser Sandstrand ist traumhaft und der Sonnenuntergang, der gegen 18 Uhr beginnt, so spektakulär, dass man dieses Erlebnis keineswegs durch den Konsum von »Magic Mushrooms« intensivieren muss, psychedelischen Pilzen, die zerkleinert und mit Limonade, Red Bull oder Wodka gemixt als Shake oder aber in einem Omelett angeboten werden und die bestenfalls zu mystischen Ekstasen und schlimmstenfalls direkt ins Nirvana führen. Auch beim Schwimmen (im recht trüben Wasser) sollten Sie Vorsicht walten lassen; außerhalb der mit roten Flaggen markierten Bereiche ist es aufgrund der tückischen Strömungen lebensgefährlich. Zudem droht die überaus schmerzhafte Kollision mit einem Surfbrett: Die Brandung ist grandios, es gibt wenige Plätze auf der Welt, an denen man so leicht surfen lernen kann, und so tummeln sich hier viele Anfänger, die ihre Bretter noch nicht beherrschen. Paradiesisch ruhig geht es am Kuta Beach allenfalls in den frühen Morgenstunden zu, doch ist der Strand selten so überfüllt wie etliche Touristengrillplätze am Mittelmeer. Zumindest während der Hauptsaison kann das selbstgefällige Gehabe der übercoolen Surfer allerdings nerven, der Lärm der Jetpacks wetteifert dann mit dem der Bananenboote, ambulante Händler verschachern offensichtlich nachgemachte Markenuhren und mutmaßlich gefälschtes Viagra, und gefühlte zweimal pro Minute bieten ältere Frauen in zweifelhaftem hygienischen Zustand eine entspannende Massage an.

Übrigens: Sind diese jünger und hübscher, nennt man sie *kupu-kupu malam*, »Schmetterlinge der Nacht«, und ihre Massage entspannt – wie die der männlichen Berufskollegen – auf ganz spezielle Art. Immerhin spielt sich das weltweit unvermeidbare Geschäft mit dem *happy ending* verhältnismäßig diskret ab. Institutionell befriedigt wird die touristische Lust auf Bali vor allem durch Immigrantinnen aus Java und fast ausschließlich in Sanur: Dort existieren trotz des gesetzlichen Verbots etliche von der Polizei geduldete Bordelle – man erkennt sie an Hausnummern, die mit einem X enden, also zum Beispiel 10X oder 22XX. Einen weltweit nahezu singulären Ruf haben sich indes die langhaarigen »Kuta Cowboys« erworben, die mit ihren bronzefarbenen Körpern um die Gunst noch blasser oder schon krebsroter Touristinnen meist fortgeschrittenen Alters balzen. Die mit Muskeln und Charme bestens ausgestatteten Jungs in den Zwanzigern offerieren ihnen aber nicht einfach nur Sex, sondern die Illusion einer Beziehung, dafür erwarten sie dann statt ein paar profaner Scheinchen auch aufwendigere Geschenke wie etwa ein Moped. Manch aufgeblühte Dame spendiert ihrem Bali-Darling über Jahre hinweg Tausende von Dollar.

Eine stylische Alternative zu Kuta ist das etwas nördlicher gelegene Seminyak, das noch vor wenigen Jahren ein verschlafenes, separates Dörfchen war – heute ist es mit Legian zusammengewachsen. Auch hier lockt ein feinsandiger Strand, an dem sich gewaltige Wogen schaumspritzend brechen, der aber weniger stark frequentiert ist als Kuta Beach. Die Übernachtungspreise sind tendenziell höher, die Restaurants und Boutiquen exklusiver, das Publikum ist cooler und schwuler – der hippe Ort ist auch das Zentrum der Gay-Szene. Als Hotspot gilt seit der Eröffnung 2000 das in der Nähe des »Oberoi Hotels« am Strand gelegene »Ku De Ta«, in dem sich bei Cocktails und Kaviar alles trifft, was reich und schön ist oder sich dafür hält.

An Seminyak schließen sich die von Luxusvillen geprägten Dörfer Petitenget, Umalas und Kerobokan an, doch schon nach einigen Kilometern gelangt man ins ruhige Canggu mit seiner deutlich entspannteren Atmosphäre. Zum Schwimmen wenig geeignet, ist der Küstenstreifen ein Mekka für Surfer und bietet anfängerfreundliche Reefbreaks ebenso wie Spots für Profis. Fährt man an der Küste weiter, kommt man schließlich zum filigran wirkenden »Meerestempel« Pura Tanah Lot, der auf einem Felsriff im Meer liegt und nur bei Ebbe trockenen Fußes zu erreichen, allerdings ausschließlich gläubigen Hindus zugänglich ist. In einer Höhle am Fuße des Felsens liegt eine von Priestern bewachte heilige Süßwasserquelle, in einer weiteren Höhle auf der gegenüberliegenden Seite leben, ebenfalls in der Obhut von Priestern, hochgiftige heilige Schlangen. Der Tempel, der zu den neun Reichstempeln zählt, ist das beliebteste Fotomotiv Balis – vor allem, wenn dahinter die Sonne im Meer versinkt.

Nur wenige Touristen dringen in den Westen der Insel vor, obgleich es auch dort allerhand zu sehen gibt. Eine Kuriosität, ein paar Kilometer landeinwärts vom Küstenort Pekutatan gelegen, ist zum Beispiel der Bunut Bolong im Dorf Manggisari: Die Straße führt durch den Stamm eines riesigen Bunut-Baumes, dessen Öffnung sogar groß genug für

Kleinbusse ist. Fährt man weiter auf der Hauptroute, erreicht man das 40 000 Einwohner zählende Negara, dessen Besuch aus zwei Gründen lohnt: Hier werden zwischen Juli und Oktober jeden zweiten Sonntag die *makepung* ausgetragen, spektakuläre Wasserbüffelrennen, die zahlreiche Schaulustige anziehen, und nur hier pflegt man den *jegog*, eine besondere Art der Gamelan-Musik, die auf übergroßen Bambusinstrumenten gespielt wird. Folgt man der Straße nach Gilimanuk für weitere elf Kilometer und biegt dann rechter Hand ins hügelige Hinterland ab, gelangt man in die katholische Enklave Palasari und ihr evangelisches Pendant Blimbingsari. Ihre ungewöhnlichen Kirchen, die Gereja Santo Franziskus und die Gereja Kristen Protestan di Bali, in der das Kreuz Christi auf einem brahmanischen Lotosthron steht, sind einzigartige Mischungen aus neogotischer und balinesischer Architektur. Vorbei am Taman Nasional Bali Barat, dem balinesischen Nationalpark, durch den man nicht auf eigene Faust, sondern nur mit einem Guide wandern darf, gelangt man schließlich nach Gilimanuk, wo tagsüber im 20-Minuten-Takt die Fähre nach Java ablegt.

Vor der Nordwestspitze Balis liegt die von wilden Kaninchen, Hühnern und ein paar Mönchen bewohnte Pulau Menjangan, die mit dem Boot in einer halben Stunde zu erreichen ist; die vorgelagerten, gut 7000 Hektar großen und perfekt erhaltenen Korallenriffe mit einer 60 Meter tief abfallenden Riffwand sind ein Tauch- und Schnorchelparadies. Fahren Sie an der Nordküste nach Osten, erreichen Sie nach wenigen Kilometern das ebenfalls vor allem bei Tauchern beliebte, von den negativen Auswirkungen des Tourismus noch weitgehend verschonte Dorf Pemuteran. Das dort im Jahr 2000 initiierte Projekt zur Besiedlung eines zwei Hektar großen künstlichen Korallenriffs ist das weltweit erfolgreichste seiner Art – dank der sonst tödlichen

Kombination von Wasser und Strom. Anders als der berühmte Fön, der in die Badewanne fällt, schafft der schwache Gleichstrom, der durch fünf bis elf Meter tief unter der Wasseroberfläche liegende Metallgestelle geleitet wird, Leben: Er beschleunigt das Wachstum der Tisch-, Feuer- und Geweihkorallen. Unbeeindruckt von den zwölf Volt und maximal fünf Ampere taucht man hier mit Riffbarschen, Fledermausfischen und Barrakudas, orange-weißen Anemonenfischen und blau-gelben Doktorfischen – nicht nur Kinder erfreuen sich am Anblick so vieler »Nemos« und »Dories«.

Bewegungsmuffel können sich 40 Kilometer weiter östlich im Wasser tummeln: Das Dorf Banjar ist berühmt für das Thermalbad »Air Panas« mit seinem 38 Grad warmen Schwefelwasser, das in drei bemooste Becken sprudelt. Südlich davon liegt das einzige buddhistische Kloster Balis: Brahma Vihara Arama wird gerne als Klein-Borobudur bezeichnet, stammt aber nicht aus dem 9. Jahrhundert wie das javanische Heiligtum, sondern wurde erst in den Jahren 1958 bis 1970 erbaut. Es bietet unterschiedliche Meditationskurse an, bezaubert aber auch bei einer Stippvisite mit Buddhastatuen, Stupas und Hallen, einem blütenübersäten Lotosteich und nicht zuletzt dem fantastischen Ausblick bis zum Meer.

Folgt man der Küstenstraße, erreicht man die beliebte Urlaubsdestination Lovina. Ihr 1953 erfundener Name setzt sich angeblich aus dem englischen *love* und *ina*, dem balinesischen Wort für Mutter, zusammen und bezeichnet keinen einzelnen Ort, sondern einen zehn Kilometer langen Küstenstreifen, der sich über mehrere Dörfer erstreckt. Der feinsandige, schmale und flache Strand ist vulkanisch schwarz (und in der Sonne glühend heiß!), das Leben am Strand erstaunlich friedlich, noch immer flicken dort die Fischer ihre Netze. Bereits vor Sonnenaufgang starten die berühmten »Dolphin-Watching-Touren«, die allerdings eine ziemlich touristische Angelegenheit sind. Dutzende kleiner bunter Auslegerboote, vollbepackt mit kamerabewaffneten Touristen in Schwimmwesten, begeben sich gleichzeitig auf die hektische Jagd nach Delfinen und kämpfen um den besten Blick auf die Meeressäuger. Das Erlebnis, diese Tiere im offenen Meer zu beobachten, ist dennoch unvergesslich.

Zehn Kilometer östlich können Sie den »König der Löwen« besuchen: So lautet die Übersetzung von Singaraja, der von typisch kolonialer, aber auch chinesischer Architektur geprägten einstigen Hauptstadt Balis, die heute mit rund 100 000 Einwohnern seine zweitgrößte Stadt ist. Von hier lässt sich bestens das Hochland erkunden. Zehn Kilometer landeinwärts stürzt in Gitgit inmitten des grünen Dschungels Balis höchster Wasserfall gut 35 Meter in die Tiefe (Liebespaaren soll das gemeinsame Bad im erfrischenden Wasser allerdings Unglück bringen), nach weiteren 15 Kilometern gelangt man zum Bratan-See, dessen Hauptattraktion der pittoreske Tempelkomplex Pura Ulun Danu Bratan aus dem 17. Jahrhundert ist – das Bild des im funkelnden Wasser gelegenen Palebahan Pura Tengahing Segara, eines *meru,* also eines turmartigen Schreins, mit elf pagodenartig gestaffelten Dächern, schmückt das Cover dieses Buches.

Fahren Sie stattdessen an der balinesischen Nordküste weiter Richtung Osten, erreichen Sie die Abzweigung zum Dorf Jagaraga, dessen sehenswerter *pura dalem* durch üppige Zierelemente geradezu barock wirkt. Die comicartigen Reliefs der Tempelmauer zeigen neben glupschäugigen Dämonen und hängebrüstigen Hexen auch einen Ford T, dessen langnasige Insassen von bewaffneten Banditen bedroht werden, Flugzeuge, die ins Meer stürzen, und ein Dampfschiff, das von einem schuppigen Meerungeheuer angegriffen wird. Humorvoll haben die Steinmetze ihre schlechten Erfahrungen mit den holländischen Kolonisten verarbeitet.

Nochmals etwas weiter östlich verläuft die Route zum 1717 Meter hohen Gunung Batur, der im Zentrum zweier konzentrischer Calderen steht. Einen schönen Blick auf den Vulkankrater haben Sie von Kintamani aus, dessen alle drei Tage abgehaltener Markt einen Besuch durchaus lohnt, während die zahlreichen Aussichtsrestaurants etwas arg auf den Massentourismus schielen. Vorbei am Pura Ulun Danu Batur, einem der wichtigsten balinesischen Tempel, gelangt man zum meist wolkenverhüllten Gunung Agung, der mit 3142 Metern Balis höchste Erhebung ist. Der kegelförmige, noch immer aktive Schichtvulkan, nach dem sich ein Großteil des balinesischen Lebens ausrichtet, wird als Sitz der Götter und als Mittelpunkt der Welt gesehen. Der Legende nach entstand er, als Pashupati den Himmelsberg Mahameru spaltete und aus den Teilen die Berge Batur und Agung schuf. Die kräftezehrende Besteigung durch den Dschungel und über Lavafelder dauert auf der Südroute vom Pura Pasar Agung bei Selat drei bis fünf Stunden und sollte um zwei Uhr nachts begonnen werden, damit man den Vulkan erklommen hat, bis die Sonne hinter dem 3726 Meter hohen Gunung Rinjani, Lomboks höchstem Berg, aufgeht – diese Tour endet allerdings am Kraterrand 100 Meter unterhalb des Gipfels. Die noch anspruchsvollere Südwestroute bis zur Bergspitze nimmt fünf bis acht Stunden in Anspruch und beginnt beim auf 950 Meter Höhe am Hang gelegenen Pura Besakih, von hier startet man in der Regel schon um 23 Uhr. Für beide Varianten ist ein ortskundiger Guide unverzichtbar, und man sollte unbedingt genügend Wasser mitschleppen, denn die einzige Quelle unterwegs gilt als heilig und darf nicht genutzt werden. Die beste Zeit für das Trekking sind die relativ regenfreien Monate zwischen Mai und Oktober.

Sollte Ihnen, wie mir selbst, der Aufstieg zu ehrgeizig sein, können Sie in unmittelbarer Nähe moderate Fitness-bemühungen und ein einzigartiges Kulturerlebnis verbinden und an der Südflanke des Vulkans die zahlreichen Treppenstufen des heiligsten aller balinesischen Tempel bewältigen: Der wahrscheinlich im 10., vielleicht auch schon im 8. Jahrhundert gegründete »Muttertempel« Pura Besakih ist für die Balinesen das, was für die gläubigen Katholiken der Petersdom ist, und sein Besuch ein absolutes Muss, selbst wenn Sie eine ausgeprägte Abneigung gegen aufdringliche Postkartenhändler hegen. Der Komplex nimmt eine Fläche von 250 Hektar ein und besteht aus mehr als dreißig verschiedenen Tempeln mit über zweihundert Bauwerken, zu denen mehrstöckige *meru*, offene Pavillons und andere Gebäude gehören. Gemäß der hinduistischen Dreieinigkeit, sind die drei heiligsten Tempel den Trimurti gewidmet. Im östlich gelegenen Pura Kiduling Kreteng wird Brahma verehrt, im westlichen Pura Batu Madeg der Gott Vishnu. Dazwischen liegt, am Ende einer einen Kilometer langen Prozessionsallee, der aus dem 17. Jahrhundert stammende, sich mit sechzig Bauten über sieben Terrassen erstreckende Pura Penataran Agung. Er gehörte einst der Königsfamilie von Klungkung und ist dem höchsten Gott Sanghyang Widhi Wasa in seiner wichtigsten Erscheinungsform Shiva geweiht. Dessen dreisitziger Lotosthron befindet sich im Haupthof, den nur Gläubige betreten dürfen. Um diese drei Heiligtümer gruppieren sich alle weiteren Tempel; jedes Fürstengeschlecht, jede Dorfgemeinschaft, jede größere Sippe unterhält Schreine und Altäre, um so eine Verbindung des Muttertempels mit dem eigenen Tempel herzustellen. Auf einem Rundweg kann man über die niederen Umfassungsmauern gut in die für Nichthindus unzugänglichen inneren Tempelbezirke blicken; will man verstehen, was man sieht, lohnt es sich, die weitläufige Anlage mit einem kundigen Führer zu besichtigen. Doch seien Sie gewarnt: Besakih ist nicht nur das bedeutendste Heiligtum Balis, sondern auch seine größte Touristenfalle, und aufdringliche Guides werden versuchen, Sie mit dem Versprechen, Ihnen ganz besondere Bereiche zu zeigen, abzuzocken. Eine beliebte Masche ist es auch, Sie an eine entlegene Stelle zu führen und dort aggressiv eine nicht unerhebliche Summe zu fordern, die ängstlichere Naturen, unsicher, ob sie alleine wieder zurückfinden, dann auch bezahlen.

Fahren Sie von Besakih bergab, erreichen Sie nach gut 20 Kilometern das geschichtsträchtige Klungkung, im 18. und 19. Jahrhundert das wichtigste kulturelle Zentrum Balis – offiziell trägt das heute nicht mehr besonders attraktive Städtchen seit 1995 den Namen Semarapura. Vom Königspalast übrig geblieben ist der Taman Gili (»Park der Inselchen«) mit dem Bale Kambang, dem »schwimmenden Pavillon«, und der Kerta Gosa, die einst das höchste Gericht der Insel beherbergte. Die Decke dieser Halle ist mit Furcht einflößenden Motiven der Bhima-Swarga-Erzählung aus dem Mahabharata geschmückt: Bhima, ein von Vayu, dem Gott des Windes, gezeugter Sohn der Königin Kunti, wagt sich in die Hölle, um seinen irdischen Vater, König Pandu, und dessen zweite Frau in den Himmel zu holen. Die im klassischen Wayang-Stil comicartig flach gemalten Bilder zeigen die Freuden des Himmels und die Schrecken der Hölle: Menschen, die im Leben faul waren, sieden in Bottichen, Gotteslästerern werden die Hämorrhoiden gequetscht, Ehebrechern mit Fackeln die Genitalien verbrannt, abgetriebene Babys stürzen ihre Mütter ins Feuer, und Homosexuelle werden von Schweinen gefressen.

Wieder an der Südküste, gelangen Sie in Richtung Osten vorbei an der »Fledermaushöhle« Goa Lawah ins Fischerdorf Padang Bai, von dessen modernem Terminal Fähren nach Lombok und auf die Gili-Inseln ablegen. Einige Kilometer weiter zweigt linker Hand von der Küstenstraße der Weg nach Tenganan ab, dem einzigen Bali-Aga-Dorf, das sich dem Tourismus geöffnet hat – tagsüber, denn bei Einbruch der Dämmerung wird das Dorftor geschlossen. Die Nachkommen der Ureinwohner, die sich gegen eine Eintrittsgebühr besuchen (und damit freilich auch besichtigen) lassen, haben Fragmente eines prähinduistischen Ahnenkults bewahrt, leben nach strengen Traditionen und pflegen einzigartige Rituale. Zweck des »Bananenkriegs« *mesabatan biu* beispielsweise ist es, den Anführer der Jugendlichen zu küren: Die Kandidaten müssen einen 200 Meter langen Weg zurücklegen, auf dem sie mit Bananen beworfen werden. Schmerzhafter ist *mekare kare*: Zu Ehren Indras werden blutige Zweikämpfe mit dornigen Pandanusblättern ausgefochten. Geheiratet werden darf nur innerhalb der Dorfgemeinschaft, die durch ihren enormen Landbesitz wohlhabend ist: Im 14. Jahrhundert soll der letzte balinesische König der Pejeng-Dynastie, der mächtige Beda Ulu, demjenigen, der sein vermisstes Lieblingspferd aufspürt, eine Belohnung versprochen haben. Als die Männer um Tenganan den Kadaver des Tieres entdeckten, hätten sie, so heißt es, alles Land verlangt, auf dem sein Geruch wahrzunehmen war – und dem Beamten, der dieses Gebiet abzustecken hatte, ein Stück verwesendes Fleisch unter den Sattel gelegt …

Sehenswert in Tenganan ist vor allem die Herstellung der berühmten Doppel-Ikatstoffe. Schuss- und Kettfäden werden vor dem Färben dort, wo sie keine Farbe annehmen sollen, mit Bast umwickelt und dann so verwebt, dass komplizierte Muster entstehen; die Fertigung eines einzelnen

Tuches kann bis zu fünf Jahre beanspruchen. Die auf diese Weise produzierten *geringsing*, denen eine magische Wirkung zugeschrieben wird, sind nahezu unerschwinglich; schöne Stoffe minderer Qualität werden hingegen zu relativ kleinem Preis angeboten und gerne als Souvenir mitgenommen. Noch günstiger ist der Kauf von *lontar*, deren traditionelle Herstellung in Tenganan überlebt hat: Texte und Bilder werden in die durch Pflanzensud vorbereiteten Blätter der Lontarpalme geritzt und durch das Einreiben mit einer Öl-Ruß-Mischung sichtbar gemacht. Neben Tenganan gibt es nur noch wenige weitere Bali-Aga-Dörfer, von denen Trunyan, das abgeschieden am Ostufer des Batur-Sees liegt, viele Besucher wegen seines Totenkults fasziniert: Die Verstorbenen werden weder begraben noch verbrannt, sondern unter einem heiligen Baum abgelegt und der Verwesung überlassen. Das Dorf und sein Friedhof sind allerdings nur per Boot zu erreichen, die für die Überfahrt geforderten Preise sind horrend und die verschlossenen Einwohner gegenüber Fremden oft aggressiv – ein Besuch bei den gastfreundlichen Einwohnern von Tenganan ist mir da weitaus lieber.

Südöstlich davon, an der Küste liegt Candi Dasa, einst ein charmantes Fischerdorf und beliebtes Urlaubsziel. In den 1970er-Jahren trug man jedoch die Korallenriffe vor der Küste als Baumaterial ab, und schon bald zerstörte die Brandung den Traumstrand; was davon übrig geblieben ist, schützen heute hässliche Betonwälle. Reizvoll ist die von Reisterrassen geprägte Strecke nach Amlapura. Die kleine Bezirkshauptstadt, einst Zentrum des mächtigen Königreichs Karangasem, beherbergt sehenswerte Paläste, darunter den in einem Mix aus balinesischen, europäischen und chinesischen Stilelementen erbauten Puri Kanginan. Fünf Kilometer nördlich liegt inmitten eines schönen Parks der ehemalige Wasserpalast Tirtagangga; ein Bad im heiligen Quellwasser ist nicht nur erfrischend, sondern verspricht ewige Jugend.

Der eigentliche Osten Balis ist karg und dünn besiedelt, die Küste mit ihren kleinen Buchten rau und vom Massentourismus noch unentdeckt. Das Fischerdorf Amed zieht vor allem Taucher und Schnorchler an, und auch für das Dorf Tulamben etwas weiter nördlich stellt der Tauchtourismus die Haupteinnahmequelle dar. In unmittelbarer Strandnähe liegt im kristallklaren Wasser Balis beliebtester Tauchspot: das von Weich- und Hartkorallen gänzlich überwachsene Wrack der *Liberty*. Das amerikanische Versorgungschiff wurde 1942 von einem japanischen U-Boot torpediert, lag ursprünglich am Strand von Tulamben und rutschte 1963 beim Ausbruch des Gunung Agung in die See. Heute ist es ein Zuhause für rund vierhundert verschiedene Fischarten.

Fahren Sie von Klungkung aus statt nach Osten in die entgegengesetzte Richtung, gelangen Sie nach Ubud, halten Sie sich südwestlich an der Küste, kommen Sie nach Denpasar. Viele Touristen meiden die molochartige, in den letzten Jahren auf über 800 000 Einwohner angewachsene Hauptstadt, die im Dauerstau erstickt, doch lohnt sich eine Visite durchaus. Ein idealer Startpunkt für Erkundungen zu Fuß ist der zentral gelegene Taman Puputan, ein rechteckiger Platz, in dessen Mitte das von einem bei Einheimischen beliebten Park umgebene »Monumen Puputan Badung«, drei bronzene Krieger mit Speeren und Dolchen, an die schrecklichen Geschehnisse des rituellen Massenselbstmordes im Jahre 1906 erinnert. An der Nordwestecke des Platzes überragt »Catur Muka« den Kreisverkehr, eine 1973 von I Gusti Nyoman Lempad geschaffene, neun Meter hohe, viergesichtige Statue des Gottes Bhatara Guru, des Wächters der vier Himmelsrichtungen. Dahinter liegen die Stadtverwaltung und das traditionsreiche »Inna Bali Heritage Hotel«. An der Ostseite lädt das den unterschiedlichen Baustilen balinesischer Paläste und Tempel nachempfundene Museum Negeri Propinsi Bali zu Erkundungen ein; es zeigt in verschiedenen, von weitläufigen Gartenanlagen umgebenen Pavillons die beste und umfangreichste Sammlung balinesischer Kunst- und Alltagsgegenstände, darunter Steinskulpturen, wertvolle Zeremonialdolche, Schattentheater-Figuren, Masken, Tanzkostüme und traditionelle Stoffe sowie prähistorische Funde. Neben dem Museum steht der 1953 erbaute Reichstempel Pura Jagatnatha, der als einziger balinesischer Tempel dem obersten Hindugott Sanghyang Widhi Wasa und nicht einer seiner Inkarnationen geweiht ist – bei allen auf Bali verehrten Göttern handelt es sich um Manifestationen ein und derselben Gottheit.

Von dort sind es zu Fuß Richtung Westen etwa zehn Minuten bis zum Pasar Badung, einer dreistöckigen Markthalle, in der Fisch, Fleisch, Gemüse und Gewürze verkauft werden. Am gegenüberliegenden Flussufer finden Sie im Pasar Kumbasari nicht nur Kleidung, Stoffe und Kunsthandwerk, sondern allabendlich im Untergeschoss auch einen Nachtmarkt, auf dem Sie die authentische balinesische Küche kosten können. Noch zahlreiche weitere Märkte locken in Denpasar, darunter ein sehenswerter Vogelmarkt – kein Wunder, schließlich bedeutet der Name der Großstadt nichts anderes als »neuer Markt«.

Die lang gezogenen Straßendörfer in der nördlich angrenzenden fruchtbaren Region bis hinauf nach Ubud sind für ihre talentierten Kunsthandwerker berühmt. Celuk zum Beispiel gilt als Dorf der Silber- und Goldschmiede, Mas als Zentrum der Holzschnitzkunst, Batubulan, an dessen Straßenrändern unzählige steinerne Wächter, Götter und Buddhas auf Käufer warten, ist unübersehbar für seine Steinmetzarbeiten aus vulkanischem Tuff bekannt, Batuan für seine Malerei. Will man ein kunstgewerbliches Souvenir zu einem angemessenen Preis erwerben, lohnt sich indes der Besuch des populären – und freilich oft überlaufenen – Pasar Seni, des Kunstmarktes an der Hauptstraße von Sukawati, dem Zentrum der Puppenspieler und Schirmmacher, doch sollten Sie auf die Qualität achten: Bei vielen vermeintlichen Ebenholz- oder Mahagonischnitzereien handelt es sich um leicht zu bearbeitendes helles Holz, das mit Schuhcreme eingefärbt worden ist, und die meisten Antiquitäten sind erst wenige Monate alt.

Im Osten Denpasars beginnt die Jalan By Pass Ngurah Rai. Die von 40 000 Autos und 56 000 Motorrädern täglich benutzte und folglich meist verstopfte mehrspurige Schnellstraße führt zunächst zum Badeferienort Sanur, wo es etwas ruhiger zugeht als in Kuta und wo der flach abfallende Sandstrand auch Kindern das Planschen im Meer ermöglicht. Von hier und von Pelabuhan Benoa aus fahren Schnellboote zur Nusa Lembongan. Die acht Quadratkilometer kleine, vor allem von Tagesausflüglern besuchte Insel bietet, wie die durch eine Holzbrücke verbundene winzige Nusa Ceningan mit ihren herrlichen weißen Sandstränden, optimale Möglichkeiten zum Entspannen und erfreut sich nicht zuletzt bei wellenreitenden und tauchenden Touristen großer Beliebtheit. Hier, so glauben vor allem viele Backpacker, finde man noch das wahre Paradies, doch es wird wohl nicht lange dauern, bis die Karawane der tourismuskritischen Gäste weiterziehen muss zum nächsten bislang unberührten Fleckchen – und künftigen Hotspot.

Noch immer kaum frequentiert wird zum Beispiel die 200 Quadratkilometer große, karge Nachbarinsel Nusa

Penida, die viele Balinesen meiden, weil dort der wilde Riese Jero Gede Mecaling, Balis Kinderschreck Nummer eins, leben soll; vielleicht auch, weil sie früher als Gefängnisinsel diente. Manche ihrer einsamen, palmengesäumten Strände wirken wie aus dem Katalog. Mein Favorit ist der im Osten der Insel am Fuße einer atemberaubenden Steilküste gelegene Atuh Beach, den man erst seit Kurzem über eine in den Fels geschlagene Treppe erreichen kann. Die türkisfarbene See um die drei Eilande erfreut sich dank starker, kalter Wasserströme aus dem Pazifik eines großen Artenreichtums: Man zählt 247 Korallenarten und 562 Fischarten, zu denen neben kleineren Haien, Muränen, Mantas und Rochen zwischen Juli und Oktober auch der seltene Mondfisch gehört, mit bis zu 2,3 Tonnen Gewicht der schwerste Knochenfisch der Welt. Die besten, allerdings nur für erfahrene Taucher geeigneten Spots findet man an der Nordspitze der Nusa Lembongan; am Manta Point zum Beispiel lassen sich, wie der Name unschwer verrät, große Mantarochen beobachten.

Von Sanur führt die Jalan By Pass Ngurah Rai in einem s-förmig geschwungenen Bogen nach Nusa Dua, vorbei an der Abzweigung zur 73 Hektar großen Schildkröteninsel Pulau Serangan, an Kuta und am Ngurah Rai International Airport. Abkürzen lässt sich dieser Weg seit September 2013 mithilfe der Mandara Toll Road, einer für 220 Millionen US-Dollar erbauten mehrspurigen Mautstraße, die Pelabuhan Benoa, wo die großen Kreuzfahrtschiffe anlegen, und Nusa Dua mittels einer mehr als zwölf Kilometer langen Stelzenkonstruktion quer über die Bucht verbindet. Des Autofahrers Freud ist der Übrigen Leid, denn der kühne Bau hat das maritime Ökosystem aus Mangroven, Korallenriffen und Seegraswiesen massiv geschädigt. Und sollten tatsächlich, wie von der Firma Tirta Wachana Bali International projektiert, drei Viertel der Benoa Bay zugeschüttet werden, um auf künstlichen Inseln Klubs und einen Golfplatz zu bauen, würde das weitere zehn Quadratkilometer Mangroven zerstören …

Überhaupt ist Umweltschutz ein heikles Thema auf Bali, und Sie werden diesbezüglich auf manch Widersprüchliches stoßen. So hat man zwar an etlichen Straßen getrennte Behälter für organischen und nicht organischen Abfall aufgestellt, doch werfen viele ihren Müll aus Gewohnheit auf ein leeres Nachbargrundstück, wo dann Ratten und Hunde die Abfalltüten aufbeißen. Da es bislang nur wenige Recyclinganlagen und in weiten Inselteilen keine organisierte Abfallentsorgung gibt, versinken manche Gegenden geradezu im Müll. Unmittelbar neben heiligen Stätten wachsen illegale Deponien, überall am Straßenrand und an vielen Strandabschnitten liegt Plastikmüll, der natürlich auch im Wasser schwimmt – vor allem in der Regenzeit werden die Abfälle aus dem Hinterland über die Flüsse ins Meer gespült. Nicht zuletzt durch den schnell wachsenden Tourismus fallen Müllmengen an, die die Entsorgungsinfrastruktur überfordern, aber auch die Gewohnheiten haben sich geändert. Trank man früher frisches Quellwasser und verpackte das Essen in Bananenblätter, die nach Gebrauch schnell verrotteten, überschütten heute multinationale Lebensmittelkonzerne das Land mit Plastikverpackungen und PET-Flaschen.

Apropos Wasser: Mittlerweile hat die Versorgung vielerorts einen kritischen Punkt erreicht. Wasser wird von der Landwirtschaft zugunsten des Tourismus abgezweigt, der 65 Prozent davon verbraucht. Durch die Übernutzung fällt der Grundwasserspiegel, dadurch sinkt der Boden ab und Salzwasser dringt in das Grundwasser ein, dessen Qualität schlechter wird – schon heute haben 1,7 Millionen Balinesen keinen angemessenen Zugang zu sauberem Wasser. Das soll Sie nicht vom Besuch der Insel und noch nicht einmal vom erfrischenden Schwimmen im Pool Ihres Hotels oder Ihrer Villa abhalten – aber vielleicht achten Sie ja darauf, Ihren Wasserverbrauch nicht unnötig zu maximieren.

In den 1970er-Jahren schuf die indonesische Regierung im Bemühen, die rasch wachsenden Touristenströme zu kanalisieren, und mit finanzieller Unterstützung der Weltbank die Touristenenklave Nusa Dua im Osten der Halbinsel Bukit Badung, eines staubtrockenen und unfruchtbaren Korallenkalkplateaus. Auf das 1983 eröffnete »Nusa Dua Beach Hotel« folgten weitere, von gepflegten Parkanlagen umgebene High-End-Hotels, deren Design sich erfreulicherweise an die traditionelle balinesische Architektur anlehnt. Man kann sicher einiges an dem am Reißbrett entworfenen, vom »wahren Bali« abgeschirmten Luxusghetto für verwöhnte Pauschaltouristen kritisieren. Wer jedoch in erster Linie Sicherheit, Ruhe und Entspannung sucht und über das entsprechende Portemonnaie verfügt, genießt hier neben exzellenten Restaurants und Spas sowie einem Golfplatz weitläufige, gepflegte helle Sandstrände, die flach ins Meer abfallen. Die Brandung ist hier völlig ungefährlich, das Schwimmen wegen der nahen Korallenbänke allerdings nur bei Flut möglich, doch alle Nobelherbergen verfügen über große Poollandschaften.

Und wenn man die Begegnung mit der balinesischen Kultur nicht auf an den Touristengeschmack adaptierte Tanzvorführungen während des Abendbüfetts limitieren möchte (auch die »Devdan – Treasure of the Archipelago«-Show im Bali Nusa Dua Theatre zeigt nichts Authentisches, sondern Akrobatik und Pseudofolklore im Stil und zu Eintrittspreisen einer Las-Vegas-Show), kann man schließlich auch von Nusa Dua aus verschiedenste Tagestouren unternehmen.

Zumindest aber sollte man einmal durch das benachbarte Dorf Bualu laufen, auch wenn man dort keine profunden Einblicke in das traditionelle Leben gewinnt, sondern vor allem auf Restaurants wie das »Ulam« trifft, das seit 1986 ausgezeichnetes Seafood serviert.

Und auch die kurze Fahrt zur wichtigsten Sehenswürdigkeit auf Bukit Badung ist ein Muss: Im äußersten Südwestzipfel liegt hoch über dem Meer auf einer brandungsumtosten Klippe der mehr als tausend Jahre alte Pura Luhur Uluwatu, in dem Dewi Danu, die Schutzgöttin des Meeres, verehrt wird und vor dessen Hintergrund bei Sonnenuntergang ein *kecak-* und Feuertanz aufgeführt wird, der den Besuch unbedingt lohnt – trotz der lästigen Affen, die sich dort tummeln. Ganz in der Nähe befinden sich übrigens einige der beliebtesten Spots für Surfprofis, an denen acht Meter hohe Wellen bezwungen werden wollen.

Wenn Ihnen nun von den vielen fremdartigen Namen der Berge und Flüsse, der Tempel und Dörfer, der Tauch- und Surfspots so schwindlig geworden ist, dass Sie nicht einmal mehr wissen, wo *kaja* und wo *kelod* liegt – seien Sie unbesorgt. Sie befinden sich auf unserer fiktiven Rundreise just am idealen Ort, um sich von all den *puri* und *pura* zu erholen: Im Nordwesten der Halbinsel Bukit Badung liegt Jimbaran, an dessen Strand strohgedeckte Imbisse mit Fischen und Meeresfrüchten locken, frisch gefangen und über glühenden Kokosnussschalen gegrillt. Genießen Sie die traditionellen und preiswerten Gerichte an einem einfachen Holztisch, die nackten Füße im warmen Sand, mit Blick auf die Silhouetten der Fischerboote vor der Abendsonne, die auch hier rot wie Rubin im Meer versinkt ... Und planen Sie dabei in aller Ruhe Ihre nächste Tour!

Es kreucht und fleucht

Zwar gibt es Elefanten auf Bali, doch hat man sie impor-
tiert. Auch sämtliche Zebras, Flusspferde und Krokodile,
Orang-Utans und Komodowarane verdingen sich fern ihrer
Heimat als Gastarbeiter in Einrichtungen wie dem »Bali
Zoo« in Singapadu und dem »Bali Safari & Marine Park« in
Gianyar. Das wild lebende Nashorn ist schon Anfang des
19. Jahrhunderts verschwunden, und auch das zweitgrößte
Landsäugetier der Insel, der Bali-Tiger, gilt seit Langem als
ausgestorben. Angeblich kennt man sogar seinen genauen
Todestag: Am 27. September 1937 soll das letzte weibliche
Exemplar des *Panthera tigris balica* bei Sumbar Kima im westlichen Teil der Insel erlegt worden sein, doch wird bis in die
1970er-Jahre aus den dünn besiedelten Bergregionen von –
unbewiesenen – Sichtungen berichtet. Als einzige Über-
bleibsel dieser leopardengroßen Subspezies können heute
neben ein paar Fotografien acht Schädel und fünf Felle in
verschiedenen Museen der Welt bestaunt werden, unter
anderem im Senckenberg Naturmuseum in Frankfurt und
im Staatlichen Museum für Naturkunde in Stuttgart.

Zibetkatzen werden Sie in freier Wildbahn wohl allenfalls im Taman Nasional Bali Barat zu Gesicht bekommen, einem 1983 gegründeten Nationalpark, der mit 780 Quadratkilometern immergrüner Urwälder, Monsunwälder, Palmsavannen und Mangrovensümpfen den größten Teil Westbalis bedeckt. Dort leben, abgesehen von 160 Vogelarten, auch Banteng-Wildrinder, Muntjak- und Mähnenhirsche, Wildschweine und etliche, freilich nur schwer zu beobachtende Leoparden. Ansonsten begegnet man an Säugern neben Nutztieren wie Bali-Rindern (der domestizierten Form des Bantengs), Wasserbüffeln und Hängebauchschweinen vorwiegend Affen und Hunden, die gleichermaßen lästig sind. Bei ersteren handelt es sich, da die scheuen Haubenlanguren eher versteckt in den Wäldern leben, in der Regel um Langschwanzmakaken. Sie gelten als Nachkommen des mythischen Affengenerals Hanuman und werden deshalb als heilig verehrt, genießen jedoch in Tempelanlagen wie dem Pura Luhur Uluwatu ein durchaus weltliches Leben.

Vor allem im Affenwald bei Sangeh – dem ältesten der Insel –, etwa zwölf Kilometer nordöstlich von Mengwi, sowie in seinen Pendants in Pedangtegal bei Ubud und in Alas Kedaton, die alle drei als Topattraktionen gelten, vermehren sie sich beinahe so rasant wie die Touristen. Bewohnten 1990 noch weniger als hundert von ihnen den »Padangtegal Mandala Wisata Wenara Wana«, den damals rund tausend Touristen monatlich erkundeten, waren es 2006 schon zweihundert und 2011 über sechshundert, aufgeteilt in vier rivalisierende, angriffslustige Clans – und angestarrt von mehr als 10 000 Besuchern pro Monat. Die Makaken sind an Menschen gewöhnt, nähern sich ihnen ohne Scheu und posieren mit ihrem Nachwuchs vor den Kameras, als könnten sie kein Wässerchen trüben. Bleibt der

Lohn aus, fordern die gerade eben noch ach so putzigen, bis zu zehn Kilogramm schweren Biester mit gefletschten Zähnen und laut kreischend ihr Futter, worauf die meisten Besucher die am Eingang überteuert erworbenen Bananen und Erdnüsse panikartig fallen lassen, um nicht angesprungen oder im wahrsten Sinne des Wortes vom Affen gebissen zu werden. Gelegentlich überfallen kleine Horden die Frühstücksbüfetts der angrenzenden Hotels, und wenn Sie dort logieren, sollten Sie unbedingt darauf achten, nichts Essbares auf dem Balkon liegen zu lassen und die Tür stets geschlossen zu halten. Die Hotelangestellten versuchen, sich der heiligen Räuber mit dem Rohrstock zu erwehren – mit mäßigem Erfolg.

Im Affenwald stibitzen die Langschwanzmakaken von den Besuchern mit bewundernswerter Geschicklichkeit und, wie könnte es anders sein, in einem Affentempo glitzernde Gegenstände wie Brillen und Kameras. Ketten werden brutal vom Hals gerissen, Kopfbedeckungen entwendet, und auch die neuesten Smartphonemodelle stoßen auf das Interesse der Primaten. Flüchtenden sollen sogar schon die Flipflops entrissen worden sein. Einigen Touristen mag es gelingen, ihr Eigentum im Tausch gegen etwas Essbares zurückzubekommen, die meisten benötigen dazu jedoch die Vermittlung eines hilfsbereiten Guides, der dafür ein großzügiges Trinkgeld erwartet. Ein Schelm, wer Böses dabei denkt, doch zweifellos nützen die aggressiven Raubüberfälle nicht nur den gefräßigen Tieren, sondern auch den nicht weniger raffinierten Affenwald-Angestellten. Und am Ausgang laufen die noch unter Schock stehenden Opfer den Souvenirverkäufern in die Arme und erwerben wie in Trance aus billigem Holz geschnitzte Flaschenöffner in Form handlicher Penisse und ähnlich unverzichtbare Produkte.

Wenn Sie nun denken, ich dämonisiere die possierlichen Tierchen zu grauhaarigen Monstern, ahnen Sie nicht, was ich erst für die *anjing jalanan*, die verwahrlosten Straßenhunde empfinde, die zu Hunderttausenden unter Autos herumlungern, am Straßenrand nach Futter suchen oder über die Felder streunen. Es sei denn, Sie kennen »Cujo«, die Verfilmung des gleichnamigen Romans von Stephen King. Gegenüber dem titelgebenden tollwütigen Bernhardiner ist der Weiße Hai ein Kuscheltier, Leatherface ein harmloser Nachbarsjunge und Hannibal Lecter der ideale Dinnergast. An Cujo muss ich denken, wenn mir eine Bande Straßenköter begegnet, und meine Angst ist nicht ganz unbegründet. Am besten meiden Sie den Kontakt zu streunenden Tieren, selbst wenn sie niedlich aussehen und zutraulich daherkommen. Die balinesischen Behörden registrieren nämlich monatlich mehrere Tausend Hundebisse, und selbst durch das Belecken von Schleimhäuten oder Wunden können die Tiere gefährliche Krankheiten übertragen. Bali galt lange als tollwutfrei, doch seit 2008 von einer ersten Erkrankung berichtet wurde, mussten über 40 000 Menschen nach einem Hundebiss mit einer postexpositionellen Impfung versorgt werden, die vor dem Ausbruch der Tollwut schützt. Einmal erkrankt, gibt es keine Rettung mehr, und so hat diese Virusinfektion in den letzten Jahren auf Bali mehr als 150 Todesopfer gefordert (Vorsicht auch vor Bissen der als Fotomotiv so beliebten Affen!). Ob Sie sich vor der Reise mit Ihrem Arzt beraten wollen, wie sinnvoll eine Prophylaxe ist, müssen Sie abwägen – übrigens sollten Sie, abgesehen vom üblichen Grundschutz, zumindest gegen Hepatitis A und B sowie Tetanus geimpft sein.

Das von der balinesischen Regierung angeordnete Einschläfern Zehntausender herrenloser Hunde sorgte für Proteste bei Tierschutzorganisationen wie der »Bali Animal

Welfare Association«, dem »International Fund for Animal Welfare« und der »World Animal Protection«, die ihrerseits innerhalb eines Jahres fast 300 000 Tiere geimpft haben. Seit mir mein hundeliebender Kollege Heinz, der seit Langem eine zweite Heimat auf Bali besitzt, gezeigt hat, wie aufopfernd man sich in der »Good Karma Vet Clinic« in Pengosekan – nur einer von vielen vergleichbaren Einrichtungen – um die ausgemergelten, von Milben zerfressenen und mit eiternden Geschwüren übersäten Straßenhunde kümmert, sie behandelt, sterilisiert und aufpäppelt, versuche ich, diese Geschöpfe mit anderen Augen zu betrachten. Auch im Hinblick auf mein eigenes Karma, man kann schließlich nie wissen. Übrigens gehören Balis Pariahunde (so nennt man jene Tiere, die am Rande der menschlichen Gesellschaft leben) zu einer der ältesten Rassen der Welt und haben sich vor über 12 000 Jahren auf der Insel etabliert. Genetisch eng verwandt ist der auf Bali als Haustier beliebte spitzartige *anjing kintamani*, benannt nach einem Dorf am Kraterrand des Vulkans Batur. Er wird als intelligenter, gutmütiger und loyaler Begleithund beschrieben. Und nur dank seines energischen Bellens wurden Freunde von mir auf eine Kobra in ihrem Garten aufmerksam ...

Vergessen wir also meine persönliche Abneigung gegenüber schwanzwedelnden Vierbeinern und widmen uns Tieren mit sechs, acht oder aber ganz ohne Extremitäten. Anders als die besten Freunde des Menschen sind viele davon nicht nur bei mir, sondern bei der überwiegenden Mehrzahl der Reisenden unbeliebt. »Ich wandere gern lange, denn sitzen, das macht fett, / Dann traf ich eine Schlange und wanderte ins Bett«, sang Georg Kreisler. Doch die Chance, als Tourist tatsächlich einer Schlange zu begegnen, fällt auf Bali wesentlich geringer aus als in anderen südostasiatischen

Destinationen. Falls Sie doch eine Schlange entdecken, genügt es, Abstand zu halten; hat man sich versehentlich genähert, entfernt man sich am besten im Rückwärtsgang. Die Tiere greifen nur an, wenn sie attackiert werden. Auch der schlagzeilenträchtige Tod des 59-jährigen Wachmanns Ambar Arianto Mulyos im Jahr 2013 wäre vermeidbar gewesen. Beim nächtlichen Versuch, in der Nähe des »Bali Hyatt Hotels« einen viereinhalb Meter langen Netzpython zu fangen, legte er sich die Würgeschlange leichtsinnig auf die Schultern. Die wurde ihrem Namen gerecht, umschlang den Mann und erwürgte ihn. Bevor sie ihn auch noch verschlingen konnte, rückte indes die von Augenzeugen alarmierte Polizei an, das Tier entwischte ins Gebüsch und ward nie mehr gesehen. Dem Getöteten wird das gleichgültig gewesen sein.

Als größte Giftschlange der Welt kann auch die auf Bali beheimatete Königskobra eine beachtliche Länge von über fünf Metern erreichen. Eher scheu auf dem Waldboden lebend, nimmt das seltene Reptil normalerweise vor Menschen Reißaus, ohne Behandlung führt sein Biss beim Menschen zu Atemstillstand. Zur Familie der Giftnattern zählt zudem der nicht mal halb so lange, nachtaktive Bänder-Krait, dessen Gift ebenfalls eine Atemlähmung hervorruft. Dass die knapp zwei Meter lange Javanische Speikobra ihr Toxin nicht nur mit Fangzähnen injiziert, sondern gezielt in die Augen ihres Opfers spritzt, macht sie nicht sympathischer. Letale Folgen können gelegentlich auch die Bisse von Kettenviper, Bambusotter und Lanzenotter oder, im Wasser, die Begegnung mit einer angriffslustigen Seeschlange der Familie *Elapidae* haben. Als weniger gefährlich gilt der Biss der Grünen Buschviper, die sich vorzugsweise in den Reisfeldern aufhält. Viele andere Schlangen sind völlig harmlos.

Für so manchen Reisenden furchterregend, doch keine wirkliche Bedrohung sind auch die Skorpione, deren Stiche schmerzhaft, aber auf Bali nicht tödlich sind, und die handtellergroßen Spinnen, die sich vielerorts tummeln. Als Jugendlicher habe ich fasziniert gelesen, man verehre auf Bali die berüchtigte Vogelspinne als heiliges Tier, baue kleine Wohnungen für sie und gebe ihr Palmwein zu trinken, doch tatsächlich kennt man einen Kult um die Vogelspinne in der Gegend um die Stadt Bali in Kamerun, also rund 12 000 Kilometer weiter westlich. Ausgeprägte Arachnophobiker stoßen wohl dennoch an die Grenzen ihrer Belastbarkeit angesichts von Seidenspinnen, die zu den größten Arten der Welt zählen, und von Riesenkrabbenspinnen, obschon diese nur bei Bedrohung beißen und nicht giftig sind. Mitunter kann ihre Präsenz im Hotelzimmer sogar erfreulich sein: Sie jagen nämlich Kakerlaken.

So faszinierend manche Insektenarten sind, seien es schillernde Libellen oder prachtvolle Schmetterlinge, fallen andere wirklich lästig, angefangen bei den diversen Ameisenarten, von der zwei Millimeter großen Pharaoameise, die längst auch in Deutschland zu den gefürchteten Hygieneschädlingen zählt, bis hin zur Asiatischen Weberameise, die mehr als zwei Zentimeter Körperlänge erreicht. Und auch wenn das abendliche Gezirpe vereinzelter Singzikaden zweifellos die Romantik eines Sonnenuntergangs intensiviert, kann das Geräusch eines großen Schwarmes an den Lärm einer Kreissäge heranreichen. Im Gegensatz zum Homo sapiens sind es übrigens fast nur die Männchen, die ihre Umwelt akustisch belästigen. Hingegen stechen ausschließlich weibliche Exemplare der kleinen grauen Anopheles-Mücke, die für die Entwicklung ihrer Eier eiweißreiches Blut benötigt. Das Risiko einer Malariaerkrankung ist zumindest in den Touristengebieten des balinesischen Südens minimal, doch wer nach Lombok oder auf die Gili-Inseln reist, sollte sich vor den Blutsaugern in Acht nehmen. Im Gegensatz zur Anopheles, die in der Dämmerung und in der Nacht aktiv ist, geht die schwarz-weiß gestreifte Asiatische Tigermücke tagsüber auf Beutezug – seit etlichen Jahren auch in Südeuropa; 2011 wurde sie erstmals in Deutschland gefangen. Sie kann das bei schwerem Verlauf zum Tode führende Denguefieber übertragen.

Da überdies auch die Stiche jener Stechmücken, die keine Viren verbreiten, Juckreiz und Schwellungen zur Folge haben, sollte man sich stets durch helle Kleidung schützen und in den Abendstunden lange Hosen, langärmelige Oberbekleidung und Socken tragen. Wer auf die chemische Keule DEET-haltigen Mückenschutzes unbedingt verzichten will, sollte wenigstens Zitronella- oder Nelkenöl benutzen, in jedem Fall schützt nachts ein Moskitonetz über dem Bett. Räucherspiralen, die Pyrethroide verdampfen, können zwar bei empfindlicheren Naturen zu Kopfschmerzen führen, reduzieren aber die Zahl der Moskitostiche noch wirkungsvoller als ein paar hungrige Geckos.

Wann immer ich eine Unterkunft beziehe, freue ich mich über diese Echsen, die dank Milliarden feinster Härchen an ihren Füßen sogar über glatte Fensterscheiben laufen können. »Wo ein Gecko lebt, wohnt das Glück«, lautet eine balinesische Redensart. Sein lauter Ruf, der an ein heiser meckerndes Lachen erinnert, hat mich freilich schon aus den schönsten Träumen gerissen. Noch stimmgewaltiger als der als *cicak* bekannte Asiatische Hausgecko ist der bis zu 35 Zentimeter lange, rot und blau gepunktete, großäugige Tokeh, wissenschaftlich *Gekko gecko* genannt. Mal klingt der Schreihals, als ob jemand mit einem Stock einen Lattenzaun entlangfährt, dann wieder wie eine überlaute Quietscheente im Stimmbruch. Zählen Sie diese namensgebenden To-keh-

Laute mit: Jede ungerade Zahl verheißt Gutes, sieben Rufe versprechen großes Glück, und bei neun oder gar elf winkt dessen Gipfel! Anders als bekanntlich Taubendreck beeinflussen die Verdauungsprodukte der gerne kopfunter an der Decke klebenden Reptilien die Gunst des Schicksals nicht. Sie können sich also ohne desaströse Folgen für Karriere oder Liebesleben mit einem Moskitonetz schützen.

Sosehr ich Geckos schätze, mein Favorit unter allem, was auf unserer Erde kreucht, ist das Eichhörnchen. Wobei »kreuchen« eigentlich kein passender Ausdruck ist, angesichts der bis zu sechs Meter weiten Sprünge von Palme zu Palme, die dem auf Bali heimischen Schwarzen Riesenhörnchen mühelos gelingen. *Ratufa bicolor* lautet seine wissenschaftliche Bezeichnung, denn auf der Unterseite ist sein Fell gelb. Auch der deutsche Name erklärt sich von selbst: Mit gut 40 Zentimetern von Kopf bis Rumpf doppelt so groß und mit bis zu drei Kilo Gewicht fast zehnmal so schwer wie die bei uns heimische Spezies, ist dieses Hörnchen eher ein Horn.

Anders als der extrem scheue, wenig putzige Monumentalnager ist das 20 bis 30 Zentimeter große, grau-braune Plantagenhörnchen gelegentlich auch in Hotelanlagen anzutreffen – zur Freude der Gäste, nicht ohne Grund zählt es zur Unterfamilie der Schönhörnchen. Den balinesischen Bauern hingegen ist es ein ständiges Ärgernis, knabbert es in deren Kokosplantagen doch vorzugsweise das Fruchtfleisch der für den Handel bestimmten Nüsse. Noch hübscher finde ich nur das etwas kleinere Bananenhörnchen: Das olivgraue Tier hat an beiden Körperseiten einen hellgrauen und einen schwarzen Streifen, und sein Bäuchlein leuchtet orange.

Zwei weitere Säuger verdienen unbedingt Erwähnung: Ab und an sieht man ganze Kolonien kopfunter in den Bäumen schlafender Flughunde. Mich beeindrucken unter den auf Bali lebenden Arten am meisten der Indische Riesenflughund und der Kalong. Beide erreichen eine stattliche Spannweite von bis zu 170 Zentimetern. Obschon sein lateinischer Name *Pteropus vampyrus* anderes vermuten lässt, ist der Kalong wie alle Flughunde völlig ungefährlich. Erwachen sie in der Abenddämmerung, gehen sie nicht etwa auf die Jagd und schon gar nicht nach unserem Blut, sondern sie ernähren sich ausschließlich von Pollen, Nektar und Früchten. Sie selbst hingegen stehen – unter anderem auf der Insel Sulawesi – auf der menschlichen Speisekarte und werden am Spieß gegrillt.

Die kleineren Fledermäuse besitzen auf Bali sogar einen eigenen Tempel, den 1007 gegründeten Pura Goa Lawah, der als einer der heiligsten Tempel Balis gilt. Er liegt im Küstendorf Pesinggahan, unweit von Klungkung, und zwar unmittelbar vor dem Eingang einer Höhle im Kalksteinkliff, die sich angeblich bis zum Gunung Agung erstreckt und eine Verbindung zwischen Unter- und Oberwelt herstellt. Die – ebenfalls heiligen – Tiere hängen dicht an dicht als dunkle atmende Masse an der Höhlendecke und vor dem Eingang und bieten ein unvergessliches Erlebnis für alle Sinne: Der Lärm, den sie beim Davonflattern in der Abenddämmerung erzeugen, ist ohrenbetäubend, der Geruch, den sie verströmen, wahrhaft atemberaubend.

Der absolute »Star« sämtlicher Tiere, die über die Insel fleuchen, heißt auch so: Es ist der schneeweiße Balistar, die einzige endemische Vogelart auf Bali und das Symbol des Nationalparks. Seinen wissenschaftlichen Namen *Leucopsar rothschildi* trägt der amselgroße Vogel zu Ehren des englischen Bankiers und Zoologen Lionel Walter Rothschild, eines schüchternen, sprachgehemmten, 1,90 Meter großen und 140 Kilogramm schweren Sprösslings der berühmten Finanzdynastie, der zu Beginn des 20. Jahrhunderts in einem von Zebras gezogenen Vierspänner durch London fuhr und am liebsten mit seinen Hunden zu Tisch saß.

Während es in Freiheit keine zwanzig Exemplare des vom Aussterben bedrohten Balistars geben soll (der »Kölner Zoo« koordiniert ein europaweites Erhaltungszuchtprogramm), lassen sich allabendlich bis zu 20 000 Reiher gleichzeitig beobachten: Am Spätnachmittag kehren die *kokokan* von der Nahrungssuche in den Reisfeldern zurück nach Petulu, in ein für seine Schnitzkunst berühmtes Dorf nördlich von Ubud. Man sagt, die Vögel seien die Reinkarnationen Tausender Balinesen, die 1965/66 während der antikommunistischen Unruhen ums Leben kamen. Nach einem missglückten, angeblich von der »Partai Komunis Indonesia« inszenierten Staatsstreich am 30. September 1965 führte der rechtsgerichtete General Haji Mohamed Suharto (1967 bis 1998 der diktatorische Staatspräsident Indonesiens) einen Gegenputsch an. Präsident Sukarno blieb im Amt, verlor aber seine Macht. Innerhalb weniger Wochen wurden auf Bali 80 000 tatsächliche oder vermeintliche PKI-Anhänger ermordet, denen man nicht zuletzt vorwarf, sie wollten den traditionellen kulturellen und religiösen Charakter der Insel zerstören – das entsprach rund fünf Prozent der Bevölkerung. Zum Gedenken an die Ermordeten fand 1966 in Petulu eine Zeremonie statt, kurz darauf ließen sich die weißen und weiß–gelben Kuhreiher, Mittelreiher, Prachtreiher und Seidenreiher erstmals in den Bäumen zwischen zwei Tempelanlagen nieder und kehren seither allabendlich zurück, um dort die Nacht zu verbringen. Wenn Sie dieses faszinierende Schauspiel aus nächster Nähe bewundern wollen, sollten Sie auch bei wolkenfreiem Himmel Ihren Regenschirm nicht vergessen – der Grund liegt nahe.

Es ist freilich unmöglich, sämtliche Vogelarten aufzuzählen, die die Insel bevölkern. Passionierte Liebhaber suchen den »Bali Bird Park« in Singapadu auf, zwei Kilometer westlich vom »Bali Zoo«, oder schließen sich einer der geführten Wanderungen für Vogelfreunde an, wie sie beispielsweise in Ubud angeboten werden. Am auffälligsten im Alltag sind wohl die Bali-Laufenten, die tagsüber von den Bauern auf die Reisfelder getrieben werden, damit sie möglichst viele Schädlinge vertilgen, und die nachts die Häuser bewachen. Singvögel gelten als Statussymbol und zieren in Käfigen so manches traditionelle Anwesen, der Lieblingsvogel der Balinesen aber ist zweifellos der Hahn.

Was den Deutschen das Auto, ist den balinesischen Männern der Kampfhahn, nicht wenige verbringen mit dem vergötterten Tier mehr Zeit als mit ihrer Angetrauten. Es wird liebevoll gehätschelt oder in stiller Selbstvergessenheit bewundert, und seine Größe und Kraft werden permanent mit anderen Hähnen verglichen, vermutlich auch als Surrogat eigener Potenz. Gehalten unter einer Glocke aus geflochtenem Bambus, *guungan siap*, wird der Gockel morgens in die Sonne, später in den kühlenden Schatten gebracht. Zwischendurch erhält er Auslauf, wird mit einer speziellen Maisdiät gefüttert, in mit Kräutern und Blumen versetztem lauwarmen Wasser gebadet. Der Kamm wird gestutzt, das Gefieder geglättet, das Tier wird innig gestreichelt, stundenlang massiert und intensiv trainiert, jede sexuelle Aktivität wird verhindert. Vor einem Kampf macht man dem Hahn manchmal im wahrsten Sinne des Wortes Feuer im Hintern und stopft ihm Chilis in den Anus. Am linken Sporn wird eine rasiermesserscharfe, 11 bis 15 Zentimeter lange Stahlklinge befestigt, *taji* genannt, um die ein Riesenzinnober veranstaltet wird: So darf sie zum Beispiel nach einer weitverbreiteten Meinung nur bei Mondlicht geschliffen werden, und menstruierenden Frauen ist es streng verboten, sie zu berühren oder auch nur anzusehen. Die sich im Prinzip über fünf Runden erstreckenden Kämpfe, die im *wantilan,* einer überdachten Arena ausgetragen werden, enden meist schon nach wenigen Minuten und zwei oder drei Treffern mit dem Tod eines der beiden Kontrahenten, der dann zu *ayam goreng* oder *soto ayam* verarbeitet wird. Hat ein Hahn viermal gewonnen, bleibt ihm das Küchenbeil erspart, und er darf den Rest seines Lebens wie ein Kriegsveteran im Dorf umherstolzieren.

Alle Versuche, das blutige Schauspiel vollständig zu untersagen – sei es durch die holländischen Kolonialherren, sei es durch die Suharto-Regierung –, blieben so erfolglos, wie es in Deutschland ein Fußballverbot wäre. Allerdings sind die Hahnenkämpfe, deren ursprünglicher Zweck es war, durch ein Blutopfer die hungrigen Dämonen zu besänftigen und Harmonie zwischen Mensch und Kosmos herzustellen, heute nur noch im Rahmen von Tempelfesten erlaubt. Sie bilden den unverzichtbaren Auftakt zu jedem *odalan,* dem Tempelgeburtstag, der einmal im balinesischen Jahr gefeiert wird. Wie bei unserer Kirchweih ist dabei der soziale Aspekt ebenso wichtig wie der religiöse. Nachbarn und Freunde treffen sich beim Hahnenkampf, tratschen, verbringen gemeinsam Zeit, und nicht zuletzt frönen sie ihrer ausgeprägten Wettleidenschaft. Zwar sind sämtliche Glücksspiele seit 1981 in Indonesien gesetzlich verboten, doch werden die Wetten bei rituellen Hahnenkämpfen toleriert.

Selbstverständlich führen die Balinesen trotz des Verbots auch Kämpfe außerhalb religiöser Feste durch. Schließlich lässt sich der Besitz eines an sich harmlosen Hahnes nicht wie der von Schusswaffen oder Drogen untersagen, und überdies hat auch deren Verbot noch nirgends auf der Welt

den Gebrauch verhindert. Wann immer Sie also am Straßenrand eine auffällige Ansammlung von Mopeds sehen,
können Sie beinahe sicher sein, dass gerade ein paar Männer ihren gefiederten Freunden beim Kampfsport zusehen –
und oftmals erhebliche Summen auf den Favoriten gesetzt
haben. Ausgetragen werden diese illegalen Hahnenkämpfe
in offenen, improvisierten Kampfarenen. Alle Anwesenden
sind stets auf der Hut vor der Polizei und bereit, innerhalb
weniger Sekunden das Weite zu suchen.

Sollten Sie gelernt haben, dass Asiaten niemals heftige
Gefühlsregungen zeigen und ihre Minen so unbewegt bleiben wie das Gesicht von Nicole Kidman seit der Botox-
Behandlung, werden Sie hier eines Besseren belehrt: Viele
Kampfhahnbesitzer gestikulieren und grimassieren wie eine
Mischung aus Louis de Funès und Jim Carrey, und ein grö-
ßeres emotionales Engagement als die Zuschauer eines balinesischen Hahnenkampfes weisen selbst die Hardcorefans
deutscher Bundesligisten nicht auf.

Ordnung ist das ganze Leben

Die neugierige Hausmeisterin, die über das Leben der städtischen Hausgemeinschaft und womöglich die Einhaltung der Kehrwoche wacht, ist wahrlich kein Hirngespinst von »Lindenstraße«-Autoren. Vielen erscheint sie aber als erträgliches Übel, verglichen mit dörflichen Nachbarn, die aufmerksam jeden Besucher registrieren, den sonntäglichen Kirchgang kontrollieren und die Sauberkeit der Fensterscheiben begutachten. Hedonistisch sucht man die relative Anonymität der Großstadt, entgeht so dem Überraschungsbesuch nerviger Tanten und ersetzt persönliche Bindungen durch Kontakte in sozialen Netzwerken, wo sich die sogenannten Freunde bei Konflikten mit einem einzigen Mausklick aus dem Leben entfernen lassen. In den letzten Jahren ist indes die Zahl der Zeitschriften, die sich der Sehnsucht nach dem Leben auf dem Lande widmen, immens gewachsen, und laut Umfragen wünschen sich mehr als zehn Millionen Menschen in Deutschland zurück aufs Dorf. Nicht zuletzt suchen sie die in der Großstadt schmerzlich vermisste Gemeinschaft.

Auf Bali gibt es keine anonymen Nachbarn und keine isolierten Wohnblocks. Trotz des technischen, politischen und sozialen Wandels der letzten Jahrzehnte haben sich die traditionellen Strukturen weitgehend konserviert, wohl auch, weil die hinduistische Religion, die den gesamten Alltag durchdringt, mit der sozialen Ordnung ein untrennbares Ganzes bildet. Die Religion ordnet das Leben des Einzelnen und der Gesellschaft. Jeder Balinese gehört – keineswegs ganz freiwillig – einer komplexen Matrix teils miteinander verbundener, teils sich überschneidender Vereinigungen und Solidargemeinschaften an.

Die kleinste unter ihnen ist selbstredend die drei bis vier Generationen umfassende, in einem Anwesen zusammenlebende engere Familie. Das Sorgen für die Eltern bis zu deren Ableben ist eine selbstverständliche Pflicht, und so besteht für Pflegeheime auf Bali kein Bedarf. Dieses liebevolle Zusammenleben im Familienverband hat jedoch mitunter befremdliche Grenzen. Zwar ist *pasung*, das Halten von Menschen in Ketten, in Indonesien gesetzlich verboten, doch werden immer wieder psychisch Kranke von ihren Familien wie Tiere gehalten, angekettet, sich selbst überlassen oder misshandelt – aus Unwissenheit, Angst und Scham. Das »gute« oder »schlechte« Karma, das ein Mensch ansammelt, bestimmt gemäß der hinduistischen Reinkarnationslehre die Art seiner Wiedergeburt, Behinderung wird also als Strafe für ein Fehlverhalten im früheren Leben angesehen, und nicht selten werden Familien mit geistig oder körperlich behinderten Mitgliedern von ihren Nachbarn gemieden. Vielleicht aus diesem Grund ist Bali übrigens keine unproblematische Destination für Menschen mit eingeschränkter Mobilität. Verkehrsmittel und touristische Einrichtungen sind in der Regel nicht behindertengerecht, und man findet nur wenige geeignete Restaurants oder Hotels.

Für Kinder hingegen ist Bali ein fabelhaftes Reiseziel. Die Balinesen vergöttern Kinder, die der vorrangige Zweck jeder Ehe und der ganze Stolz der Eltern sind. Kinderlosigkeit ist ein akzeptierter Grund für die Verstoßung der Frau durch den Ehemann, kinderlosen Junggesellen bringt die Gesellschaft wenig Achtung entgegen, Fruchtbarkeit ist ein verpflichtendes Geschenk der Götter, keine Kinder zu bekommen gilt als Schande. So lastet ein enormer gesellschaftlicher Druck auf jungen Paaren, möglichst rasch Nachwuchs zu zeugen, und so widerstrebt das von der indonesischen Regierung propagierte Programm zur Geburtenkontrolle mit der Forderung *Dua anak cukup!* (Zwei Kinder genügen!) der traditionellen Vorstellung von möglichst reichem Kindersegen. Nicht zuletzt ist ein männlicher Nachkomme unverzichtbar für die religiösen Verpflichtungen nach dem Tod der Eltern: Er wird die notwendigen Rituale durchführen, damit die Seele den Körper verlassen und wiedergeboren werden kann.

Kindererziehung ist ausschließlich Sache der Frauen. Überhaupt folgt die strikte Aufgabenverteilung noch immer konservativen Rollenmustern – und bürdet einen Großteil der Arbeit den Frauen auf. Sie erledigen sämtliche Haushaltsarbeiten und Einkäufe, kochen frühmorgens das Essen für den ganzen Tag, holen Wasser und kümmern sich mit erheblichem Zeitaufwand um die Opferschälchen, die fünfmal täglich an den Orten niedergelegt werden müssen, an denen göttliche Kräfte vermutet werden. Auch die Zucht und der Verkauf von Schweinen sind Sache der Frauen. Zudem spielen diese eine entscheidende Rolle im balinesischen Geschäftsleben und haben etwa einen Job in der Tourismusbranche, verkaufen selbst gezogenes Gemüse auf dem Markt oder führen ein Geschäft, etwa einen Imbiss. Im Übrigen sind es auf Bali oft Frauen, die Schwerstarbeit verrichten, während das vermeintlich starke Geschlecht im Schatten schwatzt und seine Kampfhähne hegt. So wundere ich mich längst nicht mehr über den Anblick grazilier Balinesinnen, die auf dem Kopf Kieskörbe oder zentnerschwere Zementsäcke zu Baustellen balancieren. Immerhin bestellen die Männer die Felder (die Reisernte wiederum wird dann meist von den Frauen erledigt), versorgen das Vieh und kommen ihren religiösen Pflichten nach – wer nicht an den Zeremonien teilnimmt, riskiert, aus der Gemeinschaft ausgeschlossen zu werden. Traditionell sind auch Kunst und Kunsthandwerk, abgesehen von einigen Tänzen wie dem *legong*, Sache der Männer, doch bereits 1991 eröffnete in Ubud die »Seniwati Gallery of Art by Women«, und inzwischen existieren etliche weibliche Gamelan-Orchester.

Sosehr der unverzichtbare Beitrag der Frau zum Familien-, Dorf- und nicht zuletzt religiösen Leben wertgeschätzt wird, und obschon die meisten Balinesinnen für europäische Touristen extrem taff und selbstbewusst wirken, ist die Frau dem Mann klar untergeordnet. Frauen dürfen zum Beispiel nicht zusammen mit den Männern essen, sondern nehmen die Mahlzeiten mit den Kindern ein. Außerdem gehören sie nicht zu den stimmberechtigten Mitgliedern des *banjar*, der Nachbarschaftsvereinigung, sind aber dessen Entscheidungen unterworfen.

Heiratet eine Frau einen Mann aus einer höheren Kaste, verbessert sie ihren Status, hingegen verliert sie ihn, wenn sie einen Mann niedrigerer Herkunft ehelicht, was früher sogar mit Tod oder Verbannung bestraft wurde. Wenngleich die hierarchische soziale Organisation vom indischen Hinduismus übernommen wurde, ist das balinesische Statussystem nicht mit dem indischen Kastensystem gleichzusetzen (beispielsweise kennt man hier keine »unberührbaren« Parias), und obwohl auch Balinesen den Ausdruck *sistim kasta* verwenden, ist der spezifische Terminus *wangsa* treffender. Offiziell wurde dieses System mit der Integration Balis in den indonesischen Staat abgeschafft, de facto aber unterscheidet man noch immer zwischen vier großen gesellschaftlichen Statusgruppen: Zu den oberen drei, den *triwangsa,* gehören die der Priester (*brahmana*), des Adels (*satria*) und der Krieger und Händler (*wesia*). Zur niedersten *wangsa* und damit zu den »gewöhnlichen Menschen«, den *jaba,* zählen rund 95 Prozent der Bevölkerung. Einige ihrer Clans, wie die durch ihr Schmiedehandwerk bekannten *pande,* die ihre Abstammung teilweise von Brahma ableiten, sehen sich den *triwangsa* allerdings ebenbürtig.

Seinen Ausdruck findet dieses Statussystem auch sprachlich. Das Balinesische (*basa Bali*) kennt mehrere Sprachebenen mit gleichen grammatikalischen Strukturen, aber unterschiedlichem Vokabular. Angehörige der *triwangsa* sprechen einander in der kultivierten Hochsprache *basa alus* an, *jaba* verwenden untereinander die »gewöhnliche« Sprache *basa biasa* oder *biasa kepara*. Eine höfliche gemeinsame Sprachebene ist die »Mittelsprache« *basa madia,* derer sich *jaba* bedienen, die der Hochsprache nicht mächtig sind, und die ebenso verwendet wird, solange man den Status eines fremden Gegenübers nicht kennt – danach wählt man die Sprachebene, die dem Rang des anderen angemessen ist. So wird ein Angehöriger der *triwangsa* respektvoll »aufwärts« in *basa singgih* angeredet (*singgih* = hoch), wendet er sich seinerseits an einen *jaba,* spricht er »abwärts« in *basa sor* (*sor* = tief). Spricht man über Dritte, benutzt man die ihnen angemessene Sprachebene. Zudem existiert die altjavanische Literatursprache *kawi,* in der sich zum Beispiel die Götter des *wayang kulit,* des Schattentheaters, äußern. Außer einigen Älteren, beherrschen aber alle Balinesen auch die recht unkomplizierte Nationalsprache Bahasa Indonesia. Da sie in lateinischen Buchstaben geschrieben wird und anders als viele asiatische Idiome keine tonale Sprache ist, bei der man auf die Höhe der Vokale und die Wortmelodie achten muss, lässt sie sich relativ leicht erlernen.

Dass die *jaba* ihre Kinder quasi nummerieren, erklärt, warum so viele Balinesen gleich heißen – und erspart wahrscheinlich die mühseligen und konfliktträchtigen Namensdiskussionen, in die sich werdende Eltern und deren Familien bei uns verstricken. Nicht zuletzt all die deutschen Sabines und Thomasse, die Michaels und Stefanies, Christians und Claudias können indes nachfühlen, wohin solche Namenshäufungen auf Bali führen.

Jedes Erstgeborene einer *jaba*-Familie erhält den Namen Wayan (was tatsächlich »das Älteste« bedeutet) oder Putu – wenn es sich um einen Jungen handelt, auch Gede und im Falle eines Mädchens Luh. Das nächste Kind nennt man Kadek (»das Zweite«), Made oder Nengah, das dritte Nyoman (»das Jüngste«) oder Komang (vom javanischen *kamong*, »Baby«). Offenbar waren traditionell also nur drei Kinder vorgesehen. Konsequenterweise muss ein allfälliges viertes zwingend Ketut heißen, hergeleitet vom javanischen *katut*: Das Wort meint »folgen«, allerdings mit der Konnotation »unerwünscht«. Beim fünften Kind beginnt man wieder von vorne, es heißt also wieder »das Älteste«, wird dann aber in der Familie oft »Wayan Alit« gerufen: »das kleine Älteste«. Solch einen zweiten oder dritten Namen erhalten fast alle balinesischen Kinder, er kann eine bestimmte Stellung im Familiengefüge anzeigen, aber auch eine Art Kosename sein. Rai etwa meint einen jüngeren Bruder oder eine jüngere Schwester, Raka das ältere Pendant. Bei Jungen wird dem Namen ein I, bei Mädchen ein Ni vorangestellt. Mitglieder der *wangsa brahmana* tragen den weiblichen Vornamen Ida Ayu oder den männlichen Namen Ida Bagus,

Angehörige der *satria* schmücken sich mit Titeln wie Anak Agung, Dewa Agung, Gusti oder Tjokorda. Einen über Generationen weitergegebenen Familiennamen wie bei uns kennt man auf Bali nicht, und dass beispielsweise die Tjokorda von Ubud ihren Titeln und Vornamen den Herkunftsort der Familie, nämlich Sukawati, hinzugefügt haben, folgt westlichen Einflüssen. Jüngere Balinesen werden sich Ihnen gegenüber oft als Jim oder Zack, Mona oder Sandra ausgeben, doch sind das fast immer selbst gewählte Eigennamen, die sie für cooler und individueller als die traditionellen Namen halten.

Entstammen die Eltern verschiedenen *wangsa*, erhalten Kinder stets den Status des Mannes. Auch vererbt wird immer patrilinear; existiert kein männlicher Nachkomme, wird ein Schwiegersohn an dessen Stelle in die Familie aufgenommen, also sozusagen adoptiert.

Während früher arrangierte Ehen die Regel waren, verbindet man sich inzwischen meist aus Liebe und natürlich nicht zuletzt, um Kinder in die Welt zu setzen. Noch immer aber sind endogame Heiraten weitverbreitet, bevorzugt ehelicht man eine Parallelcousine zweiten Grades. Heiratet ein Sohn, zieht die Schwiegertochter bei seinen Eltern ein. Heiratet eine Tochter, verlässt sie ihre Familie und wohnt, was wohl nicht immer unproblematisch ist, künftig mit den Eltern, Brüdern und Schwägerinnen, Nichten, Neffen und Großeltern ihres Mannes zusammen.

Heute leben nicht mehr sehr viele Männer polygam. *Tapi kini kebiasaan itu sudah berkurang*, heißt es, diese Gewohnheit habe abgenommen, doch sollen es immer noch knapp zehn Prozent sein. In den meisten Fällen haben sie die zweite Ehe ohne das vom indonesischen Gesetz geforderte Einverständnis der ersten Frau geschlossen. Nun könnte die zwar eine Scheidung verlangen, doch müsste sie gemäß dem traditio-

nellen Gewohnheitsrecht *adat* dann zu ihrer Familie zurück-
kehren, während die Kinder beim Mann bleiben. So ertragen viele Balinesinnen, um ihre Kinder nicht zu verlieren,
aber auch aus materieller Notwendigkeit eine unglückliche
Beziehung und dulden stillschweigend Affären oder weitere
Ehefrauen ihres Mannes. Stirbt der Gatte, behält seine
Witwe die Kinder, will sie jedoch eine neue Ehe schließen,
muss sie sie in die Obhut der Großeltern oder anderer Ver-
wandter geben.

Bereits die Zahl der engsten Familienmitglieder beläuft
sich nicht selten auf zwanzig Personen. Darüber hinaus besteht ein starkes Zusammengehörigkeitsgefühl innerhalb der
weitverzweigten Sippe. Obschon sich diese mittelbare Ver-
wandtschaft in der Regel auf mehrere Dörfer verteilt, hält
man Kontakt, vor allem aber besucht man zu rituellen Anlässen den gemeinsamen Clantempel *pura dadia* oder den
pura kawitan – den »Ursprungstempel« der übergeordneten
Abstammungsgruppe, *soroh* genannt –, wo die gemeinsamen
Ahnen verehrt werden. In der Regel kennt jede Sippe ihren
kawitan, ihren Ursprungsort. Menschen, in deren Familie
dieses Wissen durch Kriege oder Fluchten verloren ging,
bleiben, so glaubt man, geschäftlich erfolglos, erleiden Unfälle oder Krankheiten. So vermuten Balinesen bei massiven beruflichen oder privaten Schwierigkeiten, dass sie im
falschen *pura kawitan* beten, und konsultieren einen *balian*,
einen traditionellen Heiler, der den richtigen Ort lokalisie-
ren soll. Den *kawitan* zu kennen ist überdies enorm wichtig, weil er den Status der ganzen Abstammungsgruppe und
damit Namen und Titel bestimmt, ja sogar die Sprachebene,
die im täglichen Umgang verwendet wird. Stellt sich –
durch die magischen Kräfte eines *balian* – heraus, dass der
richtige *pura kawitan* kein *sanggah*, also kein Ahnentempel
der »gewöhnlichen« Leute, sondern ein *merajan agung*, ein

Tempel der *satria* ist, bedeutet das, dass die *soroh* von entsprechender Herkunft sein muss.

Im modernen Bali, wo das indonesische Bildungssystem auch gewöhnlichen Balinesen den Zugang zu Bildung und die Aussicht auf eine Karriere ermöglicht, betrachtet man Status und Macht allerdings zunehmend als voneinander getrennte Bereiche, die sich allenfalls zufällig überlappen. Selbst wenn es ein *triwangsa* noch immer leichter hat, eine wirtschaftliche oder politische Führungsposition einzunehmen, sind etliche *jaba* beruflich erfolgreicher und wohlhabender als viele *triwangsa*-Familien, zumal einige ehemals reiche *puri* (dieses Wort für Palast wird auch für den entsprechenden Familienclan verwendet) ihren Besitz mittlerweile verloren haben.

Nicht nur das familiäre, sondern auch das Zusammenleben im Dorf wird durch das traditionelle Gewohnheitsrecht *adat* geregelt, durch die differenzierten moralischen, religiösen, rechtlichen und sozialen Bräuche und Sitten, Vorschriften, Pflichten und Rechte, die von den Vorfahren übermittelt wurden. Bewahrer und Hüter des *adat* sind vor allem zwei Organisationsformen: die Dorfgemeinschaft *desa* und ihre »Unterabteilung«, die Nachbarschafts- oder Quartiervereinigung *banjar*, der in der Regel zwischen fünfzig und hundert Familien angehören, präzise gesagt: die verheirateten Männer dieser Familien. Da schon die Kolonialherren ein Verwaltungssystem aufgebaut hatten, in dem *desa* und *banjar* die untersten Stufen bildeten, spricht man in Abgrenzung zu den administrativen Institutionen *desa dinas* und *banjar dinas* von *desa adat* und *banjar adat* – nicht immer sind die politischen und traditionellen Strukturen deckungsgleich. Das *desa adat* ist vor allem für die Beziehungen der Bewohner zu den Göttern und Vorfahren zuständig. Das *banjar adat*, eine Art Selbstverwaltung der Nachbarschaft, regelt zudem die profanen Beziehungen der Mitglieder untereinander. So befassen sich die alle 35 Tage stattfindenden Zusammenkünfte, an denen teilzunehmen für alle verheirateten Männer Pflicht ist, unter der demokratisch gewählten Leitung des *kelian* auch mit Streitigkeiten der Bewohner, regeln Hochzeiten, Scheidungen und Geschäfte, vergeben Darlehen aus der gemeinsamen Kasse und verhängen Strafen. Beschlüsse sind bindend, doch müssen sie einstimmig gefasst werden, was nicht selten lange Diskussionen und Kompromisse erfordert – ganz den Grundprinzipien des balinesischen Lebens entsprechend, das auf Harmonie und Ausgleich basiert. Man unterhält zudem ein eigenes Gamelan-Orchester, eine Tanzgruppe und eine Gemeinschaftsküche für Dorffeste. Stehen Familienfeste wie eine Zahnfeilung, eine Hochzeit oder gar eine Verbrennung an, ist stets der ganze *banjar* beteiligt.

Der Aufbau der Dörfer folgt der kosmischen Ordnung und damit einer Art Reinheitshierarchie. Im Zentrum befindet sich *alun-alun*, ein großer Platz mit einem heiligen Banyan-Baum, in dessen Schatten einige *warung* Speisen und Getränke anbieten; daneben der Gemeindepavillon *bale agung* und oft auch eine Hahnenkampfarena, *wantilan*, sowie unter Umständen der Palast des lokalen Fürsten. Die Dorfmitte ist zudem der Platz für den *pura desa* oder *pura bale agung*. Er ist einer der drei seit dem 11. Jahrhundert obligatorischen Tempel des *kahyangan tiga*: Bergwärts, also am *kaja*-Ende des Dorfes, liegt zudem der Ursprungstempel *pura puseh*, auf der Meerseite des Dorfes, also am *kelod*-Ende, der der Todesgöttin geweihte *pura dalem* mit der Verbrennungs- und Begräbnisstätte. So symbolisieren die drei Zonen, in die jedes Dorf unterteilt ist, Geburt, Leben und Tod.

Zwischen *pura puseh* und *pura dalem* liegen die Wohnquartiere des Dorfes, durch das stets eine Hauptstraße von der

Meerseite bergwärts führt, gekreuzt von meist recht schmalen Querstraßen. Sie gehören zu verschiedenen *banjar*, die nach der Lage benannt sein können, also zum Beispiel nach Westen und Osten, oder nach dem dominierenden Beruf oder der Kaste ihrer Bewohner. In jedem *banjar* gibt es eine offene Versammlungshalle, *bale banjar* genannt, oftmals mit einem anschließenden Büroraum, daneben steht meist ein *bale kulkul*, ein Wachturm mit einer Schlitztrommel, *kulkul* genannt. Einen solchen Tambour aus gespaltenem Holz findet man ebenso im ersten Hof jedes Tempels. Er dient der Kommunikation zwischen Menschen und Göttern sowie zwischen den Menschen untereinander, und wie so vieles hier wird auch er als heilig angesehen. Je nach Rhythmus und Geschwindigkeit leitet sein Schlag Zeremonien ein und begleitet sie, ruft die Männer des *banjar* zur Versammlung, signalisiert den Beginn eines Arbeitseinsatzes, wie zum Beispiel das gemeinsame Reinigen des Dorfes, und schlägt Alarm bei Feuer oder Dieben. Sollten Sie einmal im »Hotel Tjampuhan« in Ubud absteigen, sehen Sie die profane Miniaturausgabe eines *kulkul* auf Ihrem Balkon: Dort hängt als Dekoration die bemalte hölzerne Figur eines nackten Mannes von der Decke. Sein überdimensioniertes erigiertes Glied ist nur aufgesteckt und dient bei Bedarf als Klöppel – Sie können den Zimmerservice aber freilich auch per Telefon herbeirufen.

Jeder *banjar* besteht aus Dutzenden *pekarangan,* traditionellen Gehöften, in denen mehrere Generationen zusammenleben. Selbst die Anordnung ihrer einzelnen Gebäude ist durch das *adat* geregelt und orientiert sich an der Lage zwischen Gebirge und Meer. Betreten wird das von einer Lehm- oder Ziegelmauer umgebene Hofgeviert durch das *lawang*, ein meist unverschlossenes Eingangstor am *kelod*-Ende, hinter dem eine frei stehende Schutzmauer, *aling-*

aling, weniger vor Blicken schützen, als bösen Geistern und Dämonen, die nur geradeaus gehen können, den Zugang erschweren soll. In der Nähe des Eingangs und immer im »niedrigen« *kelod*-Teil des Anwesens liegt die nach einer Seite hin offene Küche *paon* − so haben die arbeitenden Frauen den Eingang im Blick. Daneben befinden sich der Reisspeicher *lumbung* mit seinem gewölbten Dach − heute eine beliebte Bauform für Touristenunterkünfte − und ein Platz zum Dreschen des Reises; mitunter auch ein Geräteschuppen, ein kleiner Gemüsegarten, einige Obstbäume oder ein Schweinestall sowie ein grasbewachsener Platz, auf dem man die Abfälle deponiert.

In der Mitte des *pekarangan* stehen der *bale dauh*, der Westpavillon, in dem die Kinder schlafen, der mitunter aber auch von einem jüngeren Bruder des Familienoberhauptes bewohnt wird, und auf der östlichen Seite ein *bale sikepat* für weitere Familienmitglieder oder ein *bale dangin*, ein nach drei Seiten offener Pavillon, in dem bestimmte Übergangsriten zelebriert werden und dessen Plattform zum Ausruhen und zum Lagern von Opfergaben benutzt wird. Durch Bambuswände unterteilt, kann er auch als Nachtlager für Gäste dienen. Der zwischen den *bale* liegende zentrale Hof wird zum Schutz vor Schlangen und Skorpionen nicht bepflanzt, sondern besteht aus festgestampftem Lehm und wird täglich gefegt. Bergwärts stehen in der westlichen Ecke ein kleiner Altar, auf dem man dem Schutzgeist Opfer bringt, mittig das geschlossene, auf einem Steinsockel ruhende Schlafhaus des Familienoberhauptes und seiner Frau, der *bale gunung rata*, sowie in der östlichen Ecke der Haustempel, *sanggah* (bei Adligen *merajan*), für den mindestens ein Achtel des Anwesens reserviert sein muss. Er birgt mehrere Schreine, darunter einen für die Verehrung der Ahnen und einen für *taksu*, die göttliche Eingebung.

Schreine für Opfergaben finden sich beinahe überall auf der Insel der Götter, so auch kleine reisstrohgedeckte oder dachlose Schreine aus Bambus oder Stein neben und auf jedem Reisfeld. Der wunderschönen, jugendlichen Fruchtbarkeitsgöttin Dewi Sri zu opfern ist für eine gute Ernte unerlässlich. Beinahe ein Viertel Balis ist mit Reis, dem Hauptnahrungsmittel der Balinesen, kultiviert, sein Anbau prägt das Bild der Insel entscheidend, und so wurden 2012 die Reisterrassen von der UNESCO zum Weltkulturerbe erklärt. Das Nassreisfeld heißt *sawah*, die Reispflanze *padi*, das Korn mit Hülse *gabah*, der geschälte Reis *beras*, der gekochte Reis *nasi*. Besonders fotogen sind die *sawah*, wenn sie frisch gewässert in saftigem Grün leuchten.

Ideale Motive finden Sie im einige Kilometer nördlich von Ubud gelegenen Tegellangang, aber auch in Rendang am Fuß des Gunung Agung. Am berühmtesten sind die – von vielen Touristen besuchten – Terrassen des 850 Meter hoch gelegenen Bergdorfs Jatiluwih bei Tabanan. Seit je werden diese Reisterrassen und -felder von Hand angelegt. Man formt Becken aus gestampfter Erde und Graswurzeln; gepflügt wird die Erde noch immer mithilfe von Wasserbüffeln und nur selten maschinell. In die gefluteten Becken werden die in Keimbeeten herangezogenen, empfindlichen Reispflänzchen gesetzt. Der Wasserstand in diesen Becken ist ausschlaggebend für den Zyklus des Reisanbaus, mit dem Heranwachsen der Pflanzen wird er sukzessive erhöht, dazwischen wird das Wasser aber immer wieder abgelassen, um den Wuchs zu fördern. Die Ernte erfolgt je nach Sorte drei bis sechs Monate nach der Aussaat; traditionell kappen die Frauen jede körnertragende Rispe (und nicht etwa den ganzen Halm) mit einem kleinen sichelförmigen Messer, dem *ani-ani*, das sie in der Hand verborgen hielten, um Dewi Sri nicht zu ängstigen.

Diese Anbauweise bedarf einer hochkomplexen Bewässerungstechnik. Flüsse und Bäche werden angezapft, ihr Wasser wird durch ein oft weitverzweigtes Netz von Bewässerungstunneln und -kanälen auf die Felder geleitet. So ist denn eine der wichtigsten Gemeinschaften der Balinesen, der *subak*, die Reisbaugenossenschaft, zuständig für Bau und Unterhalt der Wasserzuleitungen, Dämme, Tunnel und Kanäle sowie die gerechte Verteilung des Wassers. In der *subak*-Versammlung wird entschieden, wann der Reis gesetzt und wann er geerntet wird, ob Düngemittel verwendet oder Schädlinge bekämpft werden müssen. Jeder *subak* unterhält aber auch einen eigenen Tempel (*puri ulun carik*), in dem im Laufe eines jeden Anbauzyklus zahlreiche Zeremonien durchgeführt werden müssen, nicht zuletzt das große Erntefest *ngusaba nini*, dem natürlich ein ritueller Hahnenkampf vorangeht. Wer sich näher für die Organisation des Reisanbaus interessiert, sollte in Sanggulan, einem östlichen Vorort von Tabanan, das sehenswerte Mandala Mathika Subak Museum besuchen, das neben landwirtschaftlichen Geräten auch anschauliche Modelle der verschiedenen Bewässerungssysteme zeigt. Auf dem Freigelände steht ein von terrassierten Feldern umgebener Bauernhof samt Bewässerungskanälen, hier sieht man zudem die unterschiedlichen Wachstumsstadien der Reispflanze.

Alle Männer, die ein *sawah*, ein Nassreisfeld besitzen, müssen dem lokalen *subak* angehören, manche Bauern haben sich aber überdies noch zu weiteren genossenschaftlichen Organisationen zusammengeschlossen. Überhaupt spielen Vereinigungen aller Art, *seka* genannt, eine zentrale Rolle in der Organisation des Zusammenlebens. Ihre Mitglieder haben die gleichen Rechte und Pflichten, unabhängig von ihrem anderweitigen Statuts. Man schließt sich zu einer *seka* zusammen, um gemeinsam Gamelan zu spielen oder Hahnenkämpfe zu organisieren. In manchen Dörfern existiert eine *seka*, deren Mitglieder es sich zur Aufgabe gemacht haben, die braun gewordenen Blätter der Palmen zu entfernen, man unterhält Sparvereine und Trinkvereine, und es heißt, selbst die Kuhdiebe würden sich mancherorts zu einer *seka* zusammenschließen. Wer scherzt, drei Deutsche könnten nicht zusammentreffen, ohne einen Verein zu gründen, kennt die Balinesen nicht. Ihr Leben wird durch eine Fülle verschiedener, unterschiedlich großer Gruppierungen organisiert und geordnet, denen man, wie seinem Familienclan, dem *banjar* oder dem *subak*, zwangsläufig angehört oder freiwillig beitritt – freilich nicht selten auch unter gesellschaftlichem Druck. Ein selbstbestimmtes Dasein in größtmöglicher Anonymität ist auf Bali nahezu unmöglich, andererseits sind Einsamkeit und Isolation hier Fremdworte. Kurz: Leben heißt Leben in Gemeinschaft.

Von der Wiege bis zur Bahre: Zeremonien und Rituale

Seit immer mehr Menschen aus den großen christlichen Kirchen austreten, auf Zeremonien aber dennoch nicht verzichten wollen, boomt in Europa ein neuer Beruf: In der Schweiz etwa bildet eine »Fachschule für Rituale« in dreijährigen berufsbegleitenden Lehrgängen Ritualberater aus. Freischaffend sorgen diese bei Namensgebungen, Trauungen und Beisetzungen für die erwünschte Feierlichkeit, führen Zeremonien für Menarche und Menopause durch, segnen Häuser, geben Scheidungen und Pensionierungen einen würdigen Rahmen. Rituale erleichtern das Zusammenleben, geben Sicherheit und helfen in Stresssituationen, und nicht zuletzt fördern sie die Gemeinschaft. Auf Bali bedeutet Leben immer Leben in der Gemeinschaft, mit anderen Menschen, aber auch mit unzähligen Göttern und Dämonen – schließlich findet man das Übernatürliche überall, in Steinen und Blumen, im Wind und im Meer. Überdies stehen die Balinesen in enger Verbindung mit ihren verstorbenen Vorfahren. Es sind rituelle Handlungen, die eine Verbindung zwischen *sekala* und *niskala* schaffen, der sichtbaren und der nicht sichtbaren Welt. So prägen tägliche Opfer und Gebete am Hausaltar den Alltag, an unzähligen Orten huldigt man Göttern und beschwichtigt Dämonen. Sechs verschiedene Zeremonien begleiten allein das Wachsen des Reises von der Aussaat bis zur Ernte, religiöse Feste strukturieren den Jahresablauf, Durchgangsriten markieren wichtige Lebensstationen, und am Ende des Lebens steht die wichtigste Zeremonie von allen, die Verbrennung.

Einige der bedeutendsten Feste werden alle 210 Tage gefeiert – so lange dauert nämlich ein balinesisches Jahr. Parallel zum gregorianischen Kalender, der für amtliche Datierungen und natürlich im internationalen Verkehr verwendet wird, benutzt man auf Bali zwei weitere Kalender: den *saka*-Kalender und den *pawukon*-Kalender. Das hört sich kompliziert an und ist es auch, und so bin ich meist zufrieden, wenn ich erfahre, wann ein bestimmtes Fest stattfindet, warum es gerade an diesem Tag begangen wird, muss ich nicht immer verstehen. Überdies kennen die Balinesen einen astrologischen Kalender, den *palelintangan*, der, ähnlich unseren zwölf Sternzeichen, 35 Zeichen mit bestimmten Anlagen und Charaktereigenschaften unterscheidet. Wer – nach unserem Kalender – beispielsweise am 30. November 1967 zur Welt kam, ist eine »zerbrochene Hacke«, idealistisch, voll hochfliegender Träume und Sehnsucht nach Liebe, mischt sich aber gern in die Angelegenheiten anderer Leute ein. Wer am 29. Mai 1978 geboren wurde, ist eine »Kuh« und damit jähzornig und unbescheiden, aber auch einflussreich. Nur einen Tag später zur Welt gekommen, wäre dieser Mensch ein friedliches und soziales »Schwein«, dessen leidenschaftliche Wünsche oft enttäuscht werden…

Der Mondkalender *saka*, der weitgehend dem indischen Shaka-Kalender entspricht, kennt wie der gregorianische Kalender gezählte Jahre. An unserem 9. März 2016 beispielsweise beginnt das Jahr 1938, am 28. März 2017 das Jahr 1939. Ein *saka*-Jahr besteht aus zwölf Mondmonaten (*sasih*), die jeweils am Tag nach Neumond beginnen und 30 Tage umfassen, aufgeteilt in je 15 Tage mit zunehmendem Mond (*tanggal*) und abnehmendem Mond (*panglong* oder *penanggal*). Da der Mondzyklus de facto 29,5 Tage dauert, kennt man »negative Schalttage«, *ngunalatri* genannt: Alle 63 Tage fallen auf einen Sonnentag gleich zwei Mondtage, und so hat der 30-tägige Mondmonat dann eben nur 29 Sonnentage. Da das Mondjahr so auf 354 oder 355 Tage kommt, schiebt man alle drei bis vier Jahre einen Schaltmonat ein.

Immer zu Beginn eines neuen *saka*-Jahres, am Tag nach dem Neumond (*tilem*), der den neunten Mondmonat beendet, feiert man *nyepi*. Am Vorabend werden den *bhuta* und *kala*, den bösen Geistern, Opfer dargebracht, meist an Orten, an denen diese am liebsten ihr Unwesen treiben, wie an Wegkreuzungen und auf Friedhöfen. Hat man sie durch die Gaben hervorgelockt, werden sie mit ohrenbetäubendem Lärm vertrieben. Beim *ngrupuk*, einem Fackelumzug, zeigt man die *ogoh-ogoh,* schaurig-schöne, grotesk-komische, monströse Dämonenfiguren, die die Jugendlichen aus Bambus, Metall und Styropor gebaut haben und die traditionell verbrannt wurden, heute aber nach der Parade verkauft werden und dann zu rein dekorativen Zwecken dienen.

Nyepi selbst ist ein magischer Tag völliger Stille, des Betens und der Besinnung. Niemand darf das Haus verlassen, bis sechs Uhr früh am nächsten Morgen darf kein Licht eingeschaltet, kein Feuer entfacht, also weder gekocht noch eine Zigarette angezündet werden, auch Sex ist verboten! Alle Geschäfte bleiben geschlossen, Fernseh- und Radioempfang werden abgestellt, die Straßen sind wie ausgestorben, und selbst der internationale Flughafen stellt für 24 Stunden den Betrieb ein, Crews und Passagiere von Transitflügen müssen im Airport bleiben. An diesem Tag fliegen die bösen Geister über die Dörfer, so glaubt man, und wenn sie sehen, dass dort niemand lebt, ziehen sie weiter. Die Ausgangssperre gilt selbstverständlich auch für Touristen, der Strand ist tabu, und wird man von einem der 2500 Polizisten, die die staatlich verordnete Ruhe kontrollieren, auf der Straße erwischt, droht im glimpflichsten Fall eine saftige Geldbuße, womöglich aber auch Arrest. Das Leben innerhalb der Ferienresorts ist freilich nicht eingeschränkt, weswegen manche Balinesen, statt fastend in Kontemplation zu verharren, ein »Nyepi Package« buchen: zwei Übernachtungen mit Vollpension und dem Luxus, tagsüber im Pool schwimmen zu dürfen und abends bei geschlossenen Vorhängen nicht auf Licht verzichten zu müssen.

Der *pawukon*-Kalender, der aus dem Majapahit-Reich stammt, kennt keine gezählten Jahre. Ein voller Zyklus umfasst 210 Tage und ist in zehn nebeneinander herlaufende Zyklen von der Eintageswoche *ekawara* bis zur Zehntagewoche *dasawara* gruppiert, wobei sich die Drei- bis Neuntagewochen wiederholen wie unsere Siebentagewoche, zur Einteilung der übrigen drei Systeme sind hingegen komplizierte Berechnungen nötig. Die einzelnen Tage jedes Systems tragen Namen, die der Zweitagewoche etwa heißen *menga* und *pepet*, die der Fünftagewoche *umanis*, *paing*, *pon*, *wage* und *kliwon*. Aus der Kombination sämtlicher zehn Zyklen-Namen mit den dreißig unterschiedlich bezeichneten Siebentagewochen eines balinesischen Jahres ergibt sich eine ziemlich eindeutige, aber recht komplizierte Bezeichnung jedes Tages, der dann zum Beispiel *luang pepet beteng laba pon aryang soma indra dangu pati sinta* heißt. Von besonderer Bedeutung sind die Dreitagewoche *triwara* – an jedem dritten Tag ist Markttag – sowie die Fünftagewoche *pancawara* und die Siebentagewoche *saptawara*.

Tage von besonderer Bedeutung ergeben sich, wenn wichtige Tage der verschiedenen Wochensysteme aufeinander fallen, beispielsweise an *kajeng kliwon* der letzte Tag einer Dreitagewoche und der letzte Tag einer Fünftagewoche. Das ist alle 15 Tage der Fall und ein idealer Termin für religiöse Zeremonien und besondere Opfer an böse Geister. Umfangreiche Listen informieren, welcher Tag sich speziell zum Anpflanzen von Teesträuchern eignet oder besonders günstig für den Verkauf eines Schweines ist. Man kennt Ehrentage verschiedener Schutzgottheiten, etwa der Göttin des Wissens und der Literatur, Dewi Saraswati, die am letzten Tag des 210-Tage-Zyklus gefeiert wird, an dem weder gelesen noch geschrieben werden darf. Es gibt aber auch spezielle Tage, an denen wertvollen Dingen gehuldigt wird. An *tumpek krulut* etwa segnet man Musikinstrumente, an *tumpek wayang* Schattenspielfiguren und an *tumpek landep* Metallobjekte – traditionell die Zeremonialdolche, *kris* genannt, heutzutage auch Autos, Mopeds oder Kühlschränke. *Galungan*, das wichtigste religiöse Fest, feiert man zwischen dem Mittwoch der elften Siebentagewoche und dem Samstag der zwölften Siebentagewoche. Jene verstorbenen Vorfahren, für die bereits die Leichenverbrennung durchgeführt wurde und die damit göttlich geworden sind, steigen zu ihrem einstigen Heim herab, müssen willkommen geheißen und verpflegt werden. An *kuningan*, dem letzten Tag des Festes, werden sie wieder verabschiedet.

Alle 210 Tage feiert man auch *odalan,* die Wiederkehr der ersten Weihe eines Tempels. Wenn Sie auf Bali sind, sollten Sie unbedingt ein solches Fest besuchen – bei Tausenden von Tempeln stehen die Chancen ganz gut, dass auch ein Dorftempel in Ihrer Nähe Geburtstag feiert. Zu diesem Fest sollten Sie sich unbedingt passend anziehen. Auch an gewöhnlichen Tagen dürfen Sie keinen Tempel in Shorts und

Tanktop und natürlich schon gar nicht in Badebekleidung besuchen, sondern müssen angemessene Garderobe mit bedeckten Beinen und Schultern tragen, wie Sie das wohl auch zum Besuch einer christlichen Kirche tun. Menschen, die bluten, also unter anderem menstruierenden Frauen, ist das Betreten eines Tempels übrigens grundsätzlich untersagt – er würde dadurch entweiht, und es bedürfte einer aufwendigen Reinigungszeremonie. Unerlässlich ist beim Tempelbesuch das Anlegen eines *selendang* oder *selempot*, einer langen, schmalen Schärpe, die um die Hüften geschlungen und vorne verknotet wird. Sie können sie wie auch einen Sarong, der bei Bedarf Ihre kurzbehosten Beine bedeckt, in der Regel am Eingang gegen eine kleine Gebühr ausleihen, doch ein Kauf lohnt rasch, zumal man einen Sarong auf vielfältigste Weise verwenden kann.

Wie überall, wo der Preis Verhandlungssache ist, gilt es, nicht allzu interessiert zu schauen und auf das Angebot des Verkäufers einen Preis zu erwidern, der etwa einem Drittel der geforderten Summe entspricht. Das wird zunächst trauriges bis entsetztes Kopfschütteln Ihres Gegenübers hervorrufen, gefolgt von einem kleinen Entgegenkommen im Preis – dieses Spiel geht ein paarmal hin und her, bis man sich geeinigt hat. Sollte der Handel ins Stocken geraten, können Sie den Stand oder das Geschäft verlassen; höchstwahrscheinlich hält man Sie nach wenigen Schritten auf und macht Ihnen eine bessere Offerte. Kennen Sie Balinesen, die den Handel für Sie erledigen können, sparen Sie Geld: Die Preise für Einheimische und Touristen differieren meist deutlich. Angeblich wird auch mit Senioren aus Respekt vor dem Alter nicht so zäh verhandelt – ob das stimmt, werde ich vielleicht in einigen Jahren erfahren. Doch letztlich handelt es sich zumindest beim Erwerb eines Sarongs um einen überschaubaren Betrag von wenigen Euro, und

Sie müssen selbst beurteilen, wie engagiert Sie mit einer Verkäuferin, die dieses Geld zweifellos dringlicher benötigt als Sie, um zwei Euro feilschen mögen.

Auch wenn Sie an einem Tempelfest teilnehmen, benötigen Sie selbstverständlich einen *selendang* und einen Sarong, den Frauen, anders als Männer, im Uhrzeigersinn wickeln. Da lange Hosenbeine, die unten herausschauen, für Balinesen ein Grund zur Belustigung sind, sollten Sie, wollen Sie es nicht wie die Schotten unterm Rock halten, am besten Shorts tragen – und in diesem Fall am Abend nicht vergessen, die Beine mit Autan einzusprühen. Über dem Sarong tragen Männer noch einen zweiten, meist hell glänzenden Schmucksarong oder, bei besonders festlichen Anlässen, einen hochzeremoniellen *saput*, einen Wickelrock, der so unter den Achseln fixiert wird, dass unten noch knapp zehn Zentimeter des normalen Sarongs zu sehen sind. Frauen ziehen dazu eine *kebaya*, eine traditionelle Bluse, an, Männer ein weißes oder cremefarbenes Hemd mit Kragen, *kaos*, das über den beiden Sarongs getragen wird, und einen *udeng*, einen vorne verknoteten Wickel, der tief in der Stirn und hoch am Hinterkopf sitzt. Dazu wird ein circa ein Meter langes wie breites Seidentuch diagonal gefaltet und bis auf ein etwa zwölf Zentimeter großes Dreieck eingerollt. Dieses kommt mit der Spitze nach oben an der Stirn zu liegen, die seitlichen Teile werden einmal um den Kopf geschlungen und vorne verknotet, dann wird die Dreiecksspitze in Falten gelegt und nach unten in das Kopfband gedrückt – praktischerweise gibt es auch maschinell vorgenähte *udeng* zu kaufen. So gekleidet, sind Sie ein willkommener Gast bei jedem *odalan*.

Für diesen Tempelgeburtstag wird der *pura desa*, also der Haupttempel des Dorfes, gesäubert und festlich geschmückt, mit Fahnen und Tuchfriesen sowie bis zu zehn Meter langen Palmblattschleppen, *lamak*. Die steinernen Wächterdämonen kleidet man in schwarz-weiß karierte Tücher, *peleng* genannt, die ihnen die Kraft verleihen sollen, böse Geister vom Tempel fernzuhalten. Überall an den Dorfstraßen werden *penjor* aufgestellt, mehrere Meter hohe gebogene Bambusstangen, von denen mit Blumen geschmückte Girlanden aus geflochtenen Palmblättern herabhängen. *Sarad* nennt man bunt bemalte Figuren aus in Kokosöl gebackener Reismasse, die auf einen mit Stoff bespannten Rahmen montiert werden, *gebogan* die bis zu 20 Kilogramm schweren Opfertürme aus Früchten, Reiskuchen und Eiern, die die Frauen an einer Bananenstaude befestigt haben. Nachdem der Tempel mit Weihwasser (*tirtha*) rituell gereinigt worden ist, müssen die bösen Geister durch das Blutopfer eines Hahnenkampfs besänftigt werden. *Pedanda*, Hohepriester, rezitieren auf Bambusthronen heilige *mantra*, Weihrauch steigt zum Himmel empor, von dem schließlich die Götter herabsteigen. Schläge auf dem *kulkul* verkünden deren Ankunft und rufen die Menschen zum Tempel. In langen, farbenprächtigen Prozessionen bringen sie ihre Gaben dar: Festlich gekleidete Balinesinnen balancieren kunstvoll arrangierte Opfertürme auf dem Kopf, die von *pemangku*, Hilfspriestern, in Empfang genommen und von einem *pedanda* mit heiligem Wasser gesegnet werden. Gebete huldigen den Göttern, die nach balinesischer Auffassung nur die »Essenz« der Opfergaben verspeisen. Was übrig bleibt, profan betrachtet also sämtliche Lebensmittel, dürfen die Gläubigen wieder mit nach Hause nehmen. Im äußeren Tempelbezirk werden nachts Tanzdramen und Schattenspiele aufgeführt, außerhalb des Tempels schaffen Imbissstände und Verkaufsbuden eine Art Kirchweihatmosphäre. Am dritten Tag schließlich endet das Fest mit dem Verschließen des inneren Tempeltores, das erst zum nächsten *odalan* wieder geöffnet wird.

Das *odalan* mancher bedeutender Tempel wie etwa des Pura Jagatnatha in Denpasar oder des Pura Tirta Empul wird nicht nach dem *pawukon*-Kalender alle 210 Tage, sondern einmal jährlich nach dem *saka*-Kalender gefeiert. In den Reichstempeln, zu denen zum Beispiel der Pura Taman Ayun zählt, das unweit von Mengwi gelegene zweitgrößte Heiligtum Balis, werden außerdem Zehnjahresfeiern begangen. *Eka dasa rudra*, die elf Wochen dauernde wichtigste Opferzeremonie der Insel, bei der mithilfe von Tieropfern das gesamte Universum symbolisch gereinigt wird, findet sogar nur alle hundert Jahre im Muttertempel Pura Besakih statt, zuletzt 1979. Damals brachten rund 100 000 Teilnehmer jene Zeremonien zu Ende, die am 17. März 1963 der Ausbruch des Gunung Agung unterbrochen hatte. Rund 1500 Menschen starben und mehr als 18 000 wurden obdachlos.

Selbstverständlich strukturieren zahlreiche religiöse und soziale Riten nicht nur das Jahr, sondern auch das Leben jedes Einzelnen. Schon während der Schwangerschaft werden verschiedene Opferzeremonien durchgeführt, allerdings ohne die werdende Mutter, die als unrein gilt und keinen Tempel betreten darf. Immerhin befriedigt man mit speziellen Gaben auch das *idam-idaman*, die Gelüste der Schwangeren nach bestimmten Speisen, und reicht ihr neben extrem Süßem unreife, saure Früchte an pikanter Soße – Essiggurken sind auf Bali unbekannt. Und während bei uns manche Menschen glauben, die Beschallung mit Bach-Fugen und Mozart-Sonaten fördere die Entwicklung des Fötus, ist es bei Angehörigen des balinesischen Adels üblich, Geschichten aus dem Mahabharata vorzutragen, in dem Glauben, die edlen Züge der Helden übertrügen sich auf das Kind.

Nach der Geburt wäscht man die Plazenta mit wohlriechendem Wasser und hüllt sie zusammen mit Blumen, einer chinesischen Lochmünze sowie Fasern der Zuckerpalme in ein weißes Tuch. Dieses wird in einer zweigeteilten Kokosnuss neben dem Hauseingang vergraben: auf dessen linker Seite und von einem Angehörigen der mütterlichen Familie bei Mädchen, bei Jungen analog auf der rechten Seite und von einem Verwandten väterlicherseits. Über die Stelle legt man große schwarze Steine, daneben pflanzt man zur Abwehr von Dämonen stachelige Pandanblätter – die freilich auch Schweine und Hunde fernhalten. Falls Ihnen das sehr exotisch vorkommt, täuschen Sie sich: Auch in Europa waren Plazentabestattungen bis ins 20. Jahrhundert hinein weitverbreitet, zugleich wurde pulverisierter Mutterkuchen in Apotheken gegen Unfruchtbarkeit verkauft, heute allerdings wird die Nachgeburt als medizinischer Sondermüll entsorgt.

Auf Bali gilt die Plazenta (*ari-ari*) neben Vernix caseosa, Fruchtwasser und Blut als eines der »vier Geschwister« (*kanda empat*), die dem Menschen bei der Geburt helfen (das Fruchtwasser öffne ihm die Tür, heißt es, Blut und Vernix caseosa schützen ihn zur Linken und Rechten, und die Plazenta stoße von hinten). Sie schützen ihn, so wird geglaubt, sein Leben lang vor Krankheit und bösem Zauber; nach dem Tod begleiten sie die Seele zum Himmel und bezeugen ein gutes Karma. Voraussetzung dafür ist allerdings, dass man ihnen den gebührenden Respekt erweist. Solange die Mutter stillt, wird sie den *kanda empat* täglich einige Tropfen ihrer Milch opfern, dafür wird über dem Plazentagrab ein Bambusaltar (*sanggah cucuk*) errichtet. Auch das Badewasser des Kindes schüttet man dort aus. Noch der Erwachsene verabschiedet sich am Abend von seinen vier Geschwistern – bei Frauen sind es Schwestern, bei Männern Brüder – und dankt ihnen am Morgen, dass sie ihn nachts behütet haben. Mit dem Älterwerden ihres Geschwisters ändern sie ihre Namen: Hat es das Alter von 105 Tagen erreicht, heißen sie *anggapati* (einst *yeh nyom*, das Fruchtwasser), *mrajapati* (*rah*, das Blut), *banaspati* (*lamas*, die Fruchtschmiere) und *banaspati raja* (*ari-ari*), leben in Herz, Leber, Niere und Galle, haben spezifische Ein- und Ausgänge im Körper (genauer gesagt: Augen / Mund, Mund / Ohren, Nasenlöcher / Augen sowie Ohren / Nasenlöcher) und besitzen die Form von Wind, Feuer, Erde und Atem. Missachtet man die *kanda empat*, sorgen sie für Krankheit und beruflichen Misserfolg, verursachen Unfälle und Liebesleid, ehrt man sie, kann man ihre Macht aber auch für unlautere Zwecke benutzen und als *leyak* andere Menschen verhexen. Die *kanda empat* können Gutes wie Böses bewirken – alles hat auf Bali zwei Seiten.

Nach dem Abfall der Nabelschnur, wickelt man sie zusammen mit scharfen Gewürzen in ein Tuch und hängt es bergwärts über dem Schlafplatz des Säuglings auf. Dort hat man auch einen kleinen Altar für Sanghyang Rare Kumara errichtet, den Gott der kleinen Kinder, dem man täglich opfert. Da in jedem Neugeborenen die Seele eines verstorbenen Familienmitglieds zurückkehrt, ermittelt am zwölften Tag nach der Geburt ein Priester in Trance, welcher Vorfahre wiedergeboren wurde – idealerweise reinkarniert sich eine Seele in der vierten Generation ihrer Familie väterlicherseits. Zudem erhält der Säugling, der bis zum 42. Tag als göttlich gilt, einen temporären Namen, der die Dämonen verwirren soll, damit sie nicht Besitz von ihm ergreifen. Ebenfalls am zwölften und noch einmal am 42. Tag müssen sich Kind und Mutter Purifikationszeremonien unterziehen, erst damit endet die rituelle Unreinheit der Mutter. Sie entfernt das Amulett zur Abwehr blutgieriger Dämonen (wir würden sie wohl Vampire nennen), das man ihr nach der Geburt umgelegt hatte, verlässt den *bale dauh*, in den sie nach der Niederkunft gezogen war, schläft wieder bei ihrem Ehemann und darf auch wieder den Tempel betreten.

Nach 105 Tagen wird das Kind im Rahmen einer weiteren Zeremonie, zu der eigens ein Priester geladen wird, dreimal auf eine Tonschüssel (*pane*) gesetzt und mit allen guten Wünschen versehen. Menschenähnliche Figuren aus Kürbissen, Palmblattrippen und anderen Dingen sollen dabei die bösen Geister vom Kind ablenken. Auch eine Art Orakel wird befragt: Mit dem, was das Kind als Erstes aus einem Gefäß mit Geld, Schmuck, Reishalmen, kleinen Fischen und anderem greift, soll es zeitlebens gesegnet sein. Nun wird auch dessen wirklicher, bis dahin geheim gehaltener Name bekannt gegeben. Ist das Kind 210 Tage, also ein balinesisches Jahr alt, wird ihm der Kopf geschoren (die Haare werden drei Tage später hinter dem Ahnenschrein der Familie vergraben) und Sanghyang Rare Kumara werden ein letztes Mal Gaben dargebracht. An diesem ersten Geburtstag, dem *oton,* darf das Kind, das bis dahin stets von der Mutter getragen worden ist, in Kontakt mit dem unreinen Boden kommen und gilt von nun an als vollwertiges Mitglied der Gemeinschaft. Die Stelle, an der seine Füße erstmals die Erde berührt haben, wird mit der Zeichnung der Weltenschildkröte Bedawang Nala markiert, die von zwei *naga*, zwei Schlangen, umwunden wird und als Garant von Sicherheit, Stabilität und langem Leben gilt.

Alle weiteren Geburtstage spielen dann keine besondere Rolle mehr. Mit der ersten Menstruation beziehungsweise dem Stimmbruch endet das Kindesdasein. Nach einer 24-stündigen Klausur in einem abgedunkelten Raum tritt der nun Erwachsene ans Licht, ab jetzt wird von ihm geschlechtsspezifisches Verhalten erwartet. Als sichtbaren Übergang von der Kindheit zum heiratsfähigen Alter müssen alle die Zahnfeilung (*matatah*) über sich ergehen lassen, wobei sie bei Mädchen stets zwischen der ersten Monatsblutung und der Heirat durchgeführt wird, bei Jungen theoretisch auch noch Jahrzehnte nach der Pubertät stattfinden kann. Aus Kostengründen wartet man meist, bis mehrere Kinder das passende Alter haben, denn die Feilung ist mit einem großen Familienfest verbunden: Das Anwesen und der Familientempel werden gesäubert und aufwendig dekoriert, tagelang bereitet man Dutzende von Gerichten für die mitunter mehreren Hundert Gäste vor. Nach dem man den Gottheiten der sexuellen Liebe Opfer dargebracht hat, legt sich der in prächtige Gewänder gekleidete Heranwachsende auf ein geschmücktes Lager. Zu Gamelan-Musik bearbeitet ein Priester die oberen Schneide- und Eckzähne, die als animalisch und als Symbole der sechs Feinde und Verführer des Menschen gelten, nämlich der sinnlichen Begierde (*kama*), der Habgier (*lobha*), des Jähzorns (*krodha*), der Verwirrung (*moha*), der Hybris (*mada*) und der Missgunst (*matsarya*). Die unteren Zähne bleiben, wie sie sind. Selbstverständlich ist diese traditionelle Prozedur äußerst schmerzhaft, denn sie wird ohne örtliche Betäubung vollzogen und danach liegen die empfindlichen Nerven wochenlang frei, bis die Zähne wieder von Schmelz umschlossen sind – bei uns würde man von vorsätzlicher Körperverletzung sprechen. Die zahlreichen Geschenke spenden da nur wenig Trost, und so ist man vielerorts dazu übergegangen, das Feilen der Zähne nur noch anzudeuten.

Auch die Heirat ist einem Wandel unterzogen: Arrangierte Ehen aus sozialen und wirtschaftlichen Erwägungen sind heute die Ausnahme. Man sucht sich seinen Partner selbst, und nicht selten wird geheiratet, weil bereits Nachwuchs unterwegs ist. Dennoch ist es nach wie vor Usus, dass die Eltern ihr Einverständnis zur Verbindung geben müssen. Die Hochzeitsbräuche unterscheiden sich nach Region und

Statusgruppe und nicht zuletzt nach den finanziellen Möglichkeiten. *Mapadik* heißt die förmliche Variante, bei der die Familie des Bräutigams die Familie der Braut besucht und – mithilfe von Geschenken – um deren Hand anhält. Das traditionelle Hochzeitsfest dauert dann drei Tage. Nachdem es in einer Zeremonie »gereinigt« wurde, wird das Paar in kostbare Gewänder gehüllt, die Braut trägt eine Art Krone auf dem kunstvoll frisierten Haar. Die geöffneten Hände der beiden werden mit Öl benetzt, das symbolisch ihre Emotionen beruhigen soll, dann werden Reiskörner und ein Dapdap-Blatt hineingelegt, als Zeichen für das männliche Sperma und die weibliche Eizelle, die zusammengebracht werden, um eine Familie zu gründen. Nach der Trauung durch den Priester werden Hunderte von Gästen bewirtet und mit Musik unterhalten, die folgenden zwei Tage nehmen die Frischvermählten die Gratulationen von Bekannten und Freunden entgegen – zuletzt meist völlig erschöpft.

Ngorod nennt man die heute beliebtere, weil amüsantere und nicht zuletzt günstigere Form: die Entführung der Braut. Die – nicht selten vorab informierten – Brauteltern müssen scheinbar überrascht die Nachbarn fragen, wo denn bloß ihre Tochter geblieben sei, dürfen aber das Paar, das bei einem Freund vorzeitige Flitterwochen verbringt, keinesfalls auffinden, damit die Liebenden nach einigen Tagen wiederauftauchen und verkünden können, dass es nun für allfällige Einwände gegen die Ehe ohnehin zu spät sei. Anschließend segnet ein Priester den Bund formell und man feiert in kleinem Rahmen.

Jeden Monat heiraten weit über hundert ausländische Paare auf Bali, meist am Strand bei Gamelan-Musik und dem Geruch von Räucherstäbchen, gehüllt in Hochzeitsgewänder, wie sie balinesische Adlige tragen – viele Hotels bieten »Hochzeitspakete« an und übernehmen die komplette Organisation. Eine traditionelle balinesische Zeremonie wird allerdings in Deutschland von den Standesämtern nicht anerkannt. Bei »Hochzeiten« von Ausländern handelt es sich in den meisten Fällen um eine Wiederholung des anderswo gegebenen Eheversprechens, die natürlich nur symbolische Bedeutung hat und für die lediglich eine Kopie der Heiratsurkunde erforderlich ist. Eine rechtsgültige Heirat bedarf eines größeren Aufwandes. Nach indonesischem Recht muss vor der standesamtlichen Trauung eine religiöse Hochzeit stattfinden, entweder nach christlichem, islamischem, hinduistischem oder buddhistischem Ritus. Eheschließungen zwischen Verlobten, die nicht derselben Religion oder keiner der genannten Glaubensrichtungen angehören, sind nicht möglich. Neben zwei Trauzeugen (die auch aus dem Hotelpersonal rekrutiert werden können) benötigt das Brautpaar nicht nur Reisepässe, Geburtsurkunden, gemeinsame (!) Passfotos und das Anmeldeformular des Urlaubshotels sowie unter Umständen Scheidungsurkunden oder einen Verwitwungsnachweis, sondern auch Ehefähigkeitszeugnisse, ausgestellt von den zuständigen Standesämtern zu Hause, und ein Unbedenklichkeitsschreiben, das die deutsche Botschaft in Jakarta nach Vorlage der Ehefähigkeitszeugnisse aushändigt. Alle Dokumente müssen Sie im Original und zudem als amtlich beglaubigte Übersetzung in englischer Sprache vorweisen. Nach der Trauung wiederum dauert es einige Tage, bis die neuen Papiere übersetzt und legalisiert sind – aber vermutlich will ohnehin kein Paar sofort nach dem Jawort das Flugzeug besteigen und auf paradiesische Flitterwochen verzichten.

Während bei uns von vielen die Hochzeit als Höhepunkt des Lebens angesehen wird, ist die wichtigste Zeremonie auf Bali die traditionelle Verbrennung *ngaben, pangabenen* oder *pelebon*, mit der die Seele, die bis dahin am Körper des Verstorbenen haftet, freigegeben wird und danach in anderer Gestalt reinkarnieren kann. Zuständig ist traditionell der Sohn des Verstorbenen, und so kommt es nicht selten vor, dass kinderlose Ehepaare allein deshalb einen Jungen adoptieren, sodass dieser nach ihrem Ableben die erforderlichen Zeremonien durchführen kann. Stirbt ein Familienmitglied, wird es zunächst einige Tage zu Hause aufgebahrt, damit Verwandte und Freunde Abschied nehmen können; Eis und Formalin retardieren den Verwesungsprozess. Eine Kokosnuss-Öllampe hängt auf einem langen Bambusstab über dem Dach und signalisiert den Todesfall.

Eher selten wird sogleich die Verbrennung vorbereitet, denn nur wenige, die es sich leisten können, legen zu Lebzeiten das erforderliche Geld für die eigene Verbrennung zur Seite. Meist wird der Tote in eine Art Bambusteppich gewickelt und vorübergehend begraben, bis die Familie – oft erst nach mehreren Jahren – die Kosten für die Zeremonie aufbringen kann, die diejenigen einer Hochzeit um ein Vielfaches übersteigen: Für ein Verbrennungsritual muss man rund ein Drittel eines überdurchschnittlich hohen Jahresgehaltes aufwenden. So warten viele, bis ein Reicher verstirbt, dessen Einäscherung sie sich mit ihrem Toten kostengünstig anschließen können; gelegentlich finden auch Massenverbrennungen statt. Nicht zuletzt gilt es aber, einen günstigen Tag für die Zeremonie abzuwarten, der vom Priester bestimmt werden muss. Für die Kremation wird neben unzähligen Opfergaben ein Sarkophag vorbereitet: bei *brahmana* oder Angehörigen der königlichen Familien in Form eines Stieres, bei niederen Adligen eines geflügelten Löwen und bei *jaba* in Gestalt des Fabeltieres Gajah Minea, das einer Mischung aus Elefant und Fisch gleicht, oder aber als einfacher Sarg. Zudem baut man einen Verbrennungsturm, ein hohes Bambusgebilde, das mit seinen Dächern den *meru* ähnelt, den pagodenartigen Schreinen, die in jedem Tempel zu sehen sind. So wie die – üblicherweise ungerade – Anzahl der Dächer eines *meru* dem Rang des Gottes entspricht, dem er geweiht ist, variiert die Dächerzahl bei diesem *bade* gemäß dem Status des Toten zwischen drei und elf. Mit Girlanden und Blumen, Seidenstoffen und kleinen Spiegeln wird er reich geschmückt.

Der Leichnam oder, wenn der Tod bereits länger zurückliegt, die exhumierten Knochen werden in den Verbrennungsturm gelegt und von mehreren Männern in einer Prozession vom Gehöft zum Verbrennungsplatz am *kelod*-Ende des Dorfes gebracht. Durch Schaukeln, Zickzackbewegungen und Drehungen des Turmes wird die Seele des Toten verwirrt, um zu verhindern, dass sie irrtümlich ins Haus zurückkehrt. Den eigentlichen Sarkophag trägt man leer zur Verbrennungsstätte. Dort werden der in weiße Tücher gewickelte Leichnam oder dessen Überreste aus dem Turm gehoben, dreimal um den nun geöffneten Sarkophag getragen, der auf einem Holzstoß steht, und in diesen gebettet, zusammen mit Beigaben wie Geld, Früchten oder Stoffen. Dann wird der Sarkophag verschlossen, nach Gebeten des Priesters und aller übrigen Anwesenden mit Weihwasser übergossen und schließlich – wie auch der *bade* – in Brand gesetzt; mit dem Rauch steigt die von ihrer irdischen Hülle befreite Seele zum Himmel empor. Insgesamt dauert eine Verbrennungszeremonie rund sieben Stunden. Abschließend werden die Aschen- und Knochenreste gewaschen, zermahlen, in einer Kokosnuss zum Meer oder zu einem Fluss gebracht und dem Wasser übergeben.

Besonders spektakulär und mit zahlreichen vorangehenden Zeremonien enorm aufwendig ist natürlich der *pelebon* eines *puri*-Angehörigen. Als Tjokorda Istri Sri Tjandrawati, die Ehefrau von Tjokorda Gde Putra Sukawati, am 14. Oktober 2013 mit 59 Jahren in einer Singapurer Klinik an Krebs verstarb, brachte man ihren Leichnam nach Ubud und bahrte ihn im Puri Saren Agung auf. Zwischen fünfzig und hundert Männer errichteten in den folgenden beiden Wochen einen 25 Meter hohen, neunstöckigen *bade*. Mit einer Zeremonie namens *nanceb nuasen ian negtegan karya* wurde am 24. Oktober der Tag der Verbrennung bestimmt. In einer weiteren, *nunas tirta* genannt, holte man heiliges Wasser aus den drei lokalen Tempeln des *kahyangan tiga* und aus dem *kawitan*, dem Familientempel der Verstorbenen. Es folgten *nunas surat kajang*, ein Ritual, bei dem ein Priester ein mit heiligen Zeichen beschriebenes Stück Stoff übergibt, das die Identifizierung der Toten im Jenseits erleichtern soll, und *ngingsirang layon ke bale gede,* das Überführen vom *gedong*, einem geschlossenen Raum, zum *bale gede*, einem offenen Pavillon. Tags darauf bat man in einer Zeremonie namens *mendak ke pura dalem ian pura dalem ubud,* dass die Seele, so sie sich noch in göttlicher Hand befinde, freigelassen werde, damit sie an der Verbrennungszeremonie teilnehmen könne. Auf *ngerka kajang,* bei dem das einige Tage zuvor vom Priester übergebene Stoffstück mit Blumen und Münzen geschmückt und mit Duftöl besprüht wurde, folgten *ngening ring beji campuhan*, das Schöpfen von Wasser bei einem heiligen Badeplatz in Campuhan, und *nyiramin layon*, das rituelle Reinigen des Leichnams. Am 29. Oktober wurde dieser neu eingekleidet (die Zeremonie nennt sich *nyalinan ian munggah benusa*), und am folgenden Tag führte man unter Anwesenheit sämtlicher Familienmitglieder *upadesa* durch, eine Weihezeremonie, bei der der Verstorbenen alle Fehler vergeben werden – dazu hatte man abermals heiliges Wasser aus Campuhan geholt, wie in den folgenden Tagen noch zu diversen anderen Ritualen. Den 1. November schließlich, den Tag der Verbrennung, begann man mit einer Reinigungszeremonie, bereitete dann mit *nyukat karang* den Pura Dalem Puri Peliatan auf die unmittelbar bevorstehende Kremation vor und führte vor dem Puri Saren Agung eine weitere Reinigungszeremonie für den Verbrennungsturm und den 7,5 Meter hohen *lembu*, einen Stiersarkophag, durch: *melaspas bade ian lembu*. Mit der Zeremonie *mecrau penglamuk* besänftigte man die bösen Geister und Dämonen, dann endlich konnte sich um 12.30 Uhr in Ubud die Prozession vom Puri Saren Agung zum 900 Meter östlich des Palastes gelegenen Pura Dalem Puri Peliatan in Bewegung setzen. Es benötigte dreihundert Männer, um den tonnenschweren *bade* zu tragen, begleitet wurden sie von mehreren Tausend Menschen.

Zwar bekommt man eine solch aufwendige Verbrennung nur selten zu Gesicht, doch auch kleinere Zeremonien sind sehenswert. Im Gegensatz zu christlichen Beerdigungen sind sie fröhliche Ereignisse und werden von Tänzen, Schattentheater und Gamelan-Musik begleitet. Mobile Imbissstände sorgen für die Verköstigung, selbst Spielzeug- und Eisverkäufer suchen Kunden. Auch Touristen dürfen an diesem wichtigsten aller balinesischen Rituale teilnehmen, sofern sie sich respektvoll verhalten und angemessene Kleidung tragen – erkundigen Sie sich in Ihrem Hotel.

Massagegötter und javanische Prinzessinnen

Bali zu besuchen, ohne mich mindestens zweimal die Woche massieren zu lassen, liegt jenseits meiner Vorstellungskraft. Als Massagejunkie bin ich immer wieder auf der durchaus riskanten Suche nach neuen Dealern. Was Las Vegas für das Glücksspiel darstellt, Offenbach für die Niederschlagsklimatologie und Rom für den Katholizismus, bedeutet Bali für jede Form des körperlichen wie spirituellen Wohlbefindens, wobei man hier weiß, dass Ersteres ohne Letzteres unmöglich ist. Die Spa-Dichte ist die höchste in Südostasien, die Auswahl an Salons und Wellness-Tempeln jeglicher Preisklasse, Zielgruppe und Couleur schier grenzenlos, zumindest in den touristischen Hotspots, also den Küstenorten des Südens und der Gegend um Ubud.

Dort entscheide ich mich gleich am Tag nach meiner Ankunft beim Bummel über die Hauptstraße Jalan Raya für einen im Obergeschoss eines unansehnlichen Betongebäudes gelegenen Friseursalon, den man über eine steile, geländerlose Treppe erreichen kann. Er scheint ein Geheimtipp zu sein, drei in die Jahre gekommene Australierinnen bemühen sich schnatternd um Verschönerungstermine, während einem dreitagebärtigen Franzosen zum großen Amüsement seiner Kinder die Kopfhaut rasiert wird. »Not many good haircut in Ubud«, erklärt mir Risky, klein, schmal und schätzungsweise um die dreißig, während ich, wie sich das auf Bali gehört, meine Sandalen ausziehe und sorglos an der Schwelle abstelle. Ich habe sie stets wiedergefunden – allerdings trage ich keine rahmengenähten Luxusgaloschen, deren Preis einem balinesischen Halbjahreseinkommen oder dem Reisebudget eines australischen Backpackers entspricht. »In Ubud massage many many, haircut not many«, insistiert Risky vergebens. Ich will sein Talent als Haarkünstler keinesfalls in Zweifel ziehen, möchte aber weder einen Undercut noch blonde Strähnchen, sondern in der Hoffnung, er sei auch darin versiert, eine »traditional Balinese massage, 90 minutes«. 110 000 Rupiah verlangt er laut »Spa Menu« dafür. Anders als auf dem Markt ist Feilschen hier weder erwünscht noch erforderlich, und im Gegensatz zu den Hotel-Spas werden weder elf Prozent Steuern noch zehn Prozent Servicegebühren zum Preis addiert. 110 000 Rupiah entsprechen rund sieben Euro, dafür drückt mir eine Masseurin in München allenfalls die Hand zur Begrüßung. Risky, für den sich die anstrengende Arbeit rechnet, erwidert mein Lächeln. Wir sind beide zufrieden und kommen umstandslos ins Geschäft.

»One moment«, säuselt er und kehrt Sekunden später mit einem folienversiegelten Plastikbecher voll Trinkwasser zurück, in den er ein Röhrchen stößt. Ich will nicht unhöflich sein und trinke einen Schluck. Unterdessen aktiviert Risky die unverzichtbare akustische Berieselung, einmal kein Esogewaber, sondern Gamelan-Klänge. Ich kenne dieses Musikstück, das nächste und auch die folgenden. Nicht etwa, weil in meinen westlich sozialisierten Ohren einer dieser Tonteppiche wie der andere klänge, nein. Jene CD, die ich vor zwanzig Jahren auf Bali erstanden habe, ist offenbar ein Klassiker regionaler Tonschöpfungskunst.

Die nur durch einen dünnen Vorhang abgetrennte Kabine, in die mich Risky nun führt, ist eng und schmucklos, aber fast sauber, und es gibt sogar eine funktionierende Klimaanlage. Er breitet einen frisch gewaschenen Sarong über die Massageliege und drapiert ein unbenutztes Handtuch um die Kopföffnung; unter bakteriologischen Aspekten ist sein Name offenbar kein schlechtes Omen. Dann sieht er mich abwartend an, bis ich mich ausziehe. Einen Einmalslip aus Vliesstoff, wie er seit Jahren in vielen balinesischen Spas gebräuchlich ist, bekomme ich nicht. Und bäuchlings auf der Liege, warte ich auch vergebens auf jenes Tuch, das Massagekunden gewöhnlich bis auf die gerade behandelte Körperpartie zudeckt. Stattdessen deckt mich Risky bestens gelaunt mit Fragen ein: Nach dem unverzichtbaren Eingangsgeplänkel, wann ich angekommen sei, wo ich wohne und wie viele Tage ich bleibe, will er wie jeder Balinese wissen, ob ich verheiratet sei und wie viele Kinder ich habe. Höflich gebe ich Antwort, revanchiere mich mit den entsprechenden Gegenfragen und erfahre, dass Risky »noch nicht« verheiratet ist.

Wie bereits erwähnt, gilt es auf Bali geradezu als Affront gegen das Dasein, nicht heiraten und keinen Nachwuchs haben zu wollen. Und so sollte man ungeachtet der Wahrheit die entsprechenden Fragen keinesfalls verneinen. Kann man es mit seinem Gewissen vereinbaren, ist es ratsam, selbst als überzeugter Single mit überzeugendem Lächeln von seiner reizenden Frau und den entzückenden zwei Kindern zu erzählen. Am besten erfreut man sich an »one boy, one girl«, damit kann man nichts falsch machen. Will man das nicht, ziemt sich allenfalls das besagte »noch nicht«, noch besser aber ist ein beherztes »bald«. Ansonsten erntet man völliges Unverständnis und einen Blick, der auf der Gefühlsskala irgendwo zwischen Mitleid, Spott und Verachtung rangiert. Risky jedoch erklärt mir ungewöhnlich offen: »Family too much traffic«, und dabei wandert sein Blick mit dramatischem Augenaufschlag nach oben. Detaillierter mag ich mich für den Verkehr nicht interessieren, also frage ich, woher er stammt. Wie so viele in seinem Metier ist er vor einigen Jahren aus Java nach Bali gekommen, wo das Leben besser sei. Ich zweifle nicht daran.

Als ich den Druck von Fingerkuppen auf meinen Fußsohlen spüre, dann kräftige, lang gezogene Streichbewegungen über die Unterschenkel, kommt es mir so vor, als habe ein muskelstrotzender Kraftsportler die Tätigkeit übernommen, doch die Stimme, von der ich allenfalls jedes dritte Wort verstehe, gehört noch immer dem zarten Risky. Kurz nur lässt mein Schmerz nach, als eine potenzielle Kundin den Salon betritt, Risky abrupt den Griff um meine Oberschenkel löst, den Vorhang schwungvoll beiseiteschiebt und die Dame auf morgen vertröstet. Ich bin versucht, den Kopf zu drehen, damit ich sehen kann, ob sie mich sehen kann, splitterfasernackt und auf der Rückseite blass wie ein Grottenolm. Doch was soll's, dem Akzent nach ist sie Engländerin und folglich schlimmere Anblicke gewöhnt.

»Germany snow?«, setzt der zurückgekehrte Risky den angesichts seiner beschränkten Fremdsprachenkenntnisse etwas zähen Small Talk fort, während er sich zwischen meine Oberschenkel kniet, routiniert meinen Po durchknetet und mich Muskelfasern spüren lässt, deren Existenz mir bislang unbekannt war. Mehr als ein karges »snow« bringe ich unter diesen Umständen nicht heraus, vollständig darauf fokussiert, weder memmenhaft aufzujaulen noch missverständlich zu stöhnen. Selbst als Risky sich anschickt, meine

Lendenwirbel zu brechen, will ich fest daran glauben, dass er weiß, was er da tut, und dass es mir guttut, was er da tut. So versuche ich mithilfe dieses Mantras die nächste Dreiviertelstunde lang, krampfhaft zu entspannen, während sich die Streich-, Knet- und Druckbewegungen seiner Finger, Handflächen und Ellbogen abwechseln. Ich bekomme eine Mischung aus *urut*, einer Technik, bei der die Meridiane mit festem Griff stimuliert werden, und *pijat*, einer Massage, die die Muskeln durch rhythmisches Streichen lockert. Dehnungen, wie sie in Thailand üblich sind, kennt die Tradition der Balinesen nicht.

»Sir? Turn over, please!« Folgsam, wenn auch ungern, drehe ich mich auf den Rücken. Ungern nicht wegen meiner »private parts«, sondern weil nun jene sonnenverbrannten Körperteile dran sind, die ich schon spüren würde, wenn nur ein Schmetterlingsflügel sie streifte. Schier unbelehrbar gebe ich mich zu Beginn jedes Aufenthalts in Äquatornähe der leichtfertigen Illusion hin, ich könne auf meine Kindersonnencreme mit Lichtschutzfaktor 50 verzichten, wenn ich allenfalls ein halbes Stündchen unter dem wolkenbedeckten Himmel im Liegestuhl lese. Kein Kind langt ein zweites Mal auf die heiße Herdplatte. Mich aber zwingt wider besseres Wissen irgendein böser Dämon, von dem mich noch kein balinesischer Heiler hat befreien können, regelmäßig die in jeglicher Hinsicht schmerzhafte Erfahrung zu wiederholen, optisch einer vollreifen Tomate zu ähneln.

Auch an meiner glühenden Vorderseite arbeitet sich Risky gewissenhaft und hochprofessionell von unten nach oben, streicht, drückt, klopft, knetet, walkt, pfetzt. Zweifellos beherrscht er sein Handwerk, das in Wahrheit eine Kunst ist. Der Preis einer Massage muss kein Indikator für das Können des Masseurs sein, selbst dort, wo man noch nicht einmal vier Euro pro Stunde löhnt, kann die Behandlung kompetent sein. Freilich sollte man (gepriesen sei Risky!) bei solch geradezu lächerlichen Tarifen nicht unbedingt damit rechnen, dass die verwendeten Handtücher öfter als einmal jährlich gewechselt werden. Dass das balinesische Jahr lediglich 210 Tage zählt, ist ein schwacher Trost, wenn man sein Gesicht in ein von Schweiß und Schmutz starrendes Handtuch presst.

Ich werde kein Stammkunde, denn wie erwartet siegt meine Neugier auf andere, noch unerprobte Spas. So beschließe ich wenige Tage später, dass Geiz eben doch nicht geil ist, und lasse in einem Anfall von Großzügigkeit die exorbitante Summe von umgerechnet elf Euro für ein *mandi lulur* springen, jene Behandlung, die einst javanischen Prinzessinnen am Vorabend ihrer Hochzeit zukam. Das Spa, das ich diesmal teste, liegt unweit des wegen seiner dreisten Bewohner von mir tunlichst gemiedenen Affenwaldes am südlichen Ende von Ubud, in einem geradezu märchenhaft anmutenden Garten voller Lotosblumenteiche und plätschernder Springbrunnen. Nach kurzem Warten wird mir ein junger Mann namens Adi zugeteilt. In manchen balinesischen Spas kümmern sich prinzipiell Masseure um die Kunden und Masseurinnen um die Kundinnen, in manchen hat man die Wahl, und in wieder anderen Salons arbeiten nur weibliche Angestellte. Dass in speziellen Etablissements, vor allem in Kuta, sich ausschließlich Masseusen um die Behandlung und deren *happy ending* bemühen, oder in noch spezielleren, meist in Seminyak, wiederum ausnahmslos Masseure zu Diensten sind, und in ganz besonders speziellen … – nun ja, das ist ein anderes Thema.

Wenn ich die Wahl habe, bevorzuge ich ältere, möglichst unattraktive Masseurinnen. Sie sind erfahrungsgemäß technisch am versiertesten, und keinerlei Äußerlichkeiten lenken mich vom therapeutischen Behandlungsziel ab. Meine erste balinesische Massage genoss ich vor zwanzig Jahren in einem der Hotelkästen in Nusa Dua, präzise gesagt im »Hilton«, dessen Annehmlichkeiten ich keineswegs infrage stellen will, das aber längst einen anderen Namen trägt. Die junge Dame, der ich mich anvertraute, hieß Ketut, und das Adjektiv »hübsch« wird ihr nicht einmal annähernd gerecht. Nach der Massage forderte sie mich auf, das Aromaöl abzuduschen, tatsächlich aber war sie es, die mich einseifte, abbrauste, sorgfältig abtrocknete und jede Falte meines noch faltenlosen Körpers hingebungsvoll mit Bodylotion eincremte. Einwegslips waren damals selbst in Luxus-Spas ungebräuchlich, und mein Physiklehrer wäre höchst zufrieden, wüsste er, wie viele komplizierte Formeln ich mir acht Jahre nach dem Abitur vor mein geistiges Auge rief, als ich vor Ketut stand.

Doch zurück zu Adi. Er führt mich in einen großen, hohen Raum mit zwei Massageliegen und einer für zwei Personen gedachten runden Wanne. Drei Wände sind üppig mit bemalten Holzschnitzereien und Blumengemälden lokaler Künstler dekoriert, die vierte Seite öffnet sich ins Freie und gibt den Blick auf Reisfelder frei. Adi überreicht mir eine unbenutzte Seife, ein Handtuch und ein zigarrenförmiges Plastikpäckchen. Dann lässt er mich allein, während ich mich meiner schweißnassen Kleidung entledige, dusche und der Zigarre einen schwarzen Einmalslip entnehme, der zwar zu klein ist, aber zumindest vorne das bedeckt, was er soll.

»Sir, okay, Sir?« Adi klopft an, tritt ein, deckt mich auf meiner Liege sogleich mit einem Sarong zu und beginnt durch ihn hindurch mit akupressurartigen Griffen. Später legt er mein rechtes Bein frei und massiert es mit etwas Öl, wendet sich dann dem nächsten Bein zu, dem Rücken, den

Schultern, den Armen, der Brust, dem Bauch, zuletzt dem Kopf. Als die Massage nach gut einer Stunde beendet ist, trägt er eine Paste aus gemahlenem Sandelholz, Reismehl, Gelbwurz und aromatischen Ölen auf und bedeckt mich wieder mit einem Tuch. Nach einigen Minuten rubbelt er die mittlerweile getrocknete Paste ab, bedeutet mir, mich umzudrehen, und wiederholt das ganze Peeling-Prozedere auf der anderen Seite.

Was dann folgt, kenne ich aus Istanbul. Hatte ich schon erwähnt, dass ich zwar ängstlich genug bin, mich jedes Jahr beim Dermatologen zum Screening anzumelden, schizophrenerweise aber so fahrlässig, stets zu spät oder zu wenig Sonnenschutz aufzutragen? In Istanbul jedenfalls sah meine zur Fürsorge gezwungene Reisebegleitung eines Abends keinen anderen Ausweg mehr, als Joghurt aus der Hotelküche zu organisieren, um damit meine Haut zu kühlen. Nun ist es Adi, der mich von Kopf bis Fuß mit säuerlich riechendem Joghurt beschmiert, nein: salbt. Während das Milchprodukt einwirkt, rätsle ich, ob es inzwischen auch eine Variante für Veganer gibt. Ein Spaziergang durch Ubud erweckt nämlich den Eindruck, als lebten 90 Prozent aller Touristen vegan, schließlich befriedigen die einschlägigen Speiseangebote allüberall zweifellos eine entsprechende Nachfrage. Sogar vegane Eiscreme ist leichter aufzutreiben als die von mir bevorzugte. Und nur weil ich wirklich keinen Hunger hatte, bin ich vorhin an dem kleinen *warung* mit der sympathischen, hier völlig singulären Verheißung »no vegan food!« vorbeigegangen.

Während ich diesen und anderen wertvollen Gedanken über die Vielfalt von Gottes Geschöpfen nachhänge, streut Adi mit meditativer Achtsamkeit erst rote, dann rosa und schließlich violette Bougainvilleablüten in die Wanne und setzt zu guter Letzt noch einige Akzente mit weißen Magnolien. Am Rand seines impressionistischen Gemäldes arrangiert er zwei Hibiskusblüten. Als ich den Joghurt unter der Dusche abgespült habe und im warmen Blütenbad liege, mit Blick auf dunkel bemooste Götterstatuen und das antidepressive Hellgrün der Reisfelder, fühle ich mich wirklich wie ein javanisches Prinzesschen vor der Hochzeit, obschon ich allenfalls aussehe wie ein etwas in die Jahre gekommener Prinz mit, lieb formuliert, eher stattlicher Statur.

Adi stellt einen kleinen Holztisch neben die Wanne und serviert frisch gebrühten Ingwertee, der mir besser zu schmecken scheint als alle Tees zuvor, dazu Wassermelonen- und Papayaspieße. Ich darf nun 20 Minuten lang vor mich hin träumen. Blöderweise lasse ich den Blick nicht nur über den Arbeitsplatz der Reisbauern, sondern auch durch den hübsch dekorierten Raum schweifen und mich von einer hölzernen Wandlampe mit hakenkreuzförmiger Lichtöffnung irritieren. Ich weiß, dieses Hakenkreuz ist keine spezielle Aufmerksamkeit für deutsche Touristen, sondern eine Swastika, ein 5000 Jahre altes hinduistisches Heilsymbol, das an vielen Hauseingängen und Tempeln zu sehen ist. Aber seit mich so ein Ding vor einem Vierteljahrhundert zum ersten Mal in Indien überraschte, denke ich mir unwillkürlich bei jeder Begegnung einen weißen Kreis und eine rote Fahne drum herum. Dass mein Masseur ausgerechnet Adi heißt, ist, ich schwöre, nicht erfunden, sondern eine jener kleinen Pointen, die das Leben schreibt – vorausgesetzt man hat am Morgen mit einem *canang* die dafür zuständige Göttin gnädig gestimmt. Übrigens hat Adi Frau und Tochter, natürlich haben wir beiderseits Zivilstand und Nachkommenschaft geklärt. Seien Sie gewarnt, nach zwei Wochen auf Bali werden Sie zu Hause in Deutschland unwillkürlich jeden Taxifahrer fragen, ob er verheiratet sei. Zumindest außerhalb von Großstädten kann das missliebige Gerüchte zur Folge haben. »Sir? Finish, Sir?« ist weniger eine Frage Adis, als die sanfte Ermahnung, dass sich die Prinzessin nun wieder in einen schwitzenden Touristen zu verwandeln hat. Doch die Gewissheit, dass ich jederzeit mit zehn, zwölf Euro diesen Wellness-Traum abermals Wirklichkeit werden lassen kann, tröstet mich.

Lange lässt sich mein Verlangen danach auch nicht zügeln, und bei meinem nächsten *mandi lulur* sind mir tatsächlich sämtliche Götter und selbst die Dämonen Balis gewogen. Wenngleich es in dem Salon weder Slip noch Sarong und nicht einmal das obligatorische Begrüßungswasser gibt, entschwebe ich während der Massage mindestens in Wolkenhöhe. Henry heißt eigentlich Yendra, sein Chef aber habe entschieden, das könnten sich die Kunden nicht merken. Für mich klingt sein Name wie der des vedischen Götterkönigs, doch letztlich ist es mir egal, ob ich künftig zu Indra, Yendra oder gar Henry bete – er ist mein neuer Massagegott. Den Joghurt allerdings kann er vor Lachen kaum auftragen: »In Germany, you eat!«, das weiß er von früheren Kunden und amüsiert sich wahrhaft göttlich. Noch nie habe ich mich so vollkommen entspannt. Ich fühle mich auf magische Weise von allen Giften und bösen Gedanken befreit und bin so eins mit mir und der Welt, dass ich danach mein eisernes Prinzip breche und gleich beim Bezahlen den nächsten Termin vereinbare.

Wenn Sie nun den Namen dieses Spas wissen wollen, muss ich Sie enttäuschen. Nicht weil bei Ihrem Besuch der Laden möglicherweise gar nicht mehr existiert. Das ist nicht unwahrscheinlich, ständig eröffnen und schließen solche Kleinunternehmen, obschon sich einige seit zwei oder gar drei Jahrzehnten halten und einen verlässlichen Ruf sowie einen treuen Kundenstamm erarbeitet haben. Nein, ich will Sie vor einer Enttäuschung bewahren. Kaum etwas ist einer subjektiveren Einschätzung unterworfen als eine Massage. Lesen Sie die Kommentare auf TripAdvisor oder anderen Bewertungsportalen: Am selben Ort, an dem eine Geschäftsfrau aus Tokio »das schrecklichste Spa-Erlebnis des Lebens« durchlitt, weil es dort nach altem Schweiß gestunken, vor allem aber die Masseuse, horribile dictu, ihre Brust berührt habe, genoss eine Studentin aus Auckland »die beste Massage aller Zeiten«. Mein Massagehimmel könnte also für Sie die Hölle sein, und mein Massagegott in Ihren Augen Chutriel, dessen Aufgabe es bekanntlich ist, die Verdammten zu geißeln. Nein, Sie müssen selbst auf die Suche nach dem richtigen Wellness-Tempel gehen – und nach der richtigen Anwendung.

Nicht nur die Zahl der balinesischen Spas ist immens, sondern auch die der Behandlungsmöglichkeiten. Die berühmteste ist *bali boreh*: Nach einem Fußbad und einer *pijat*-Massage wird ein grün-bräunlicher Gewürzbrei auf Sandelholz- und Reismehlbasis auf den Körper aufgetragen, meist mit Nelken, Ingwer, Zimt, Koriander, Gelbwurz, Galangawurzel und Muskat, manchmal auch mit Chili, Sesam und anderen Ingredienzien. Früher benutzten die Reisbauern in den feuchten Monsunmonaten *boreh*, um Erkältungen und Arthritis vorzubeugen, Muskel- und Gelenksschmerzen zu lindern. Er regt die Blutzirkulation an, hilft, Verspannungen zu lösen und Giftstoffe auszuleiten, fördert die Verdauung, soll aber auch bei Stress und Burn-out-Syndrom nützlich sein. Darüber hinaus kann man auf Bali im wahrsten Sinne des Wortes in Milch und Honig sowie fast allen anderen Naturprodukten baden oder sich damit einreiben lassen. Und selbstredend sind die Balinesen flexibel und geschäftstüchtig genug, auch schwedische, tibetische, hawaiianische, chinesische und alle anderen Arten von Massagen anzubieten, nach denen die internationale Klientel verlangt, egal, ob unter Einsatz von Schokolade oder grünem Tee, heißen Steinen oder Klangschalen.

Eines aber müssen Sie sich – natürlich absolut objektiv – von mir gesagt sein lassen: Eine bessere als die traditionelle balinesische Massage existiert nicht. Und wenn Sie beim Shoppen oder auf dem Weg zu einer Tanzvorführung gefühlte dreimal pro Minute auf der Straße mit »Massaaasch?« angesprochen werden, dann sagen und vor allem denken Sie nicht »nein«, sondern allenfalls »noch nicht« und noch besser »bald«!

Zu Gast im Palast – von Malern und Prinzen

Kaum ein anderer hat unser Bild von einer fremden Kultur so entscheidend geprägt und die Kultur eines anderen Landes so nachhaltig beeinflusst wie er: Walter Spies, der begnadete Maler und talentierte Musiker, der leidenschaftliche Ethnograf, Archäologe und Naturforscher, der Museumskurator und Reformator balinesischer Kunst, der Förderer des Tourismus, charmante Gastgeber und nicht zuletzt Reiseführer der Reichen und Schönen.

Sein idyllisches Anwesen in Campuhan war in den 1930er-Jahren Gesprächsthema in den Salons von Berlin, Paris und New York und galt, wie ein Freund 1932 schrieb, als »ein balinesisches Greenwich Village mit Schlangen, Affen und Beinahe-Nacktheit als Attraktionen, die man so in New York nicht findet«. Ihn dort zu besuchen wurde ein Muss für die internationale Hautevolee. Berühmtheiten vom Hollywoodstar Charlie Chaplin über die deutsche Rekordfliegerin Elly Beinhorn bis hin zum mexikanischen Karikaturisten Miguel Covarrubias ließen sich von Walter Spies zu den wichtigsten Tempeln führen und die faszinierendsten

Tänze zeigen – und sicherten mitunter durch den Kauf eines Gemäldes sein weiteres Auskommen. 1928 erwarb der Dirigent Leopold Stokowski – damals noch nicht der Geliebte von Greta Garbo – den »Heiligen Wald bei Sangeh« und ermöglichte Spies damit den langersehnten Erwerb eines Pianos, auf dem dieser seinen Besuchern den Unterschied zwischen Bach-Fugen und der lokalen Gamelan-Musik demonstrierte. Der deutsche Filmproduzent Victor von Plessen tauschte sein Automobil gegen zwei Bilder von Spies. Und das »reichste Mädchen der Welt«, die Woolworth-Erbin Barbara Hutton, finanzierte 1933 durch den Kauf des gerade fertiggestellten »Desa Durchblicks« den Bau eines Swimmingpools, der heute als Seerosenteich dient.

1935 erfüllte sich die aus Deutschland in die USA emigrierte Autorin Vicki Baum, international bekannt geworden durch ihren in Hollywood verfilmten Bestseller »Menschen im Hotel«, den lang gehegten Traum einer Bali-Reise und suchte dort selbstverständlich auch Spies auf: »Thespis-Typ, Konservator des Museums, lebt hier 8 Jahre, spricht die schweren 4 Sprachen des Landes und wird von den Eingeborenen angebetet. So kriege ich Dinge zu sehen, die sonst niemand sieht.« Tief beeindruckt kehrte sie ein Jahr später zu einem längeren Aufenthalt nach Bali zurück, bestaunte Zeremonien, Hahnenkämpfe und Tänze, die sie mit ihrer 16-Millimeter-Kamera filmte und später oft und gerne ihren Gästen vorführte – Thomas Mann war besonders von einem »schönen jungen Inder-Tänzer« entzückt. Vor allem aber entstand in Campuhan ihr zweiter Weltbestseller »Liebe und Tod auf Bali«, in dessen Hauptfigur Doktor Fabius man unschwer ihren Gastgeber erkennt. Walter Spies blieb für die Autorin bis an ihr Lebensende »der einzig wirklich unabhängige« Mensch, den sie je getroffen habe, »frei von der geschwätzigen Welt, in der wir anderen unsere Kinkerlitzchen, unseren Ballast [...], unsere Ängste und Illusionen anhäufen«. Vicki Baum bewohnte das sogenannte Haus Nr. 2, das Spies für Barbara Hutton hatte errichten lassen – heute ist es als »Walter Spies House« Teil des »Tjampuhan Hotels«, meines Lieblingshotels, in dem noch immer die Aura des legendären Bewohners zu erahnen ist und das sich im Besitz der königlichen Familie befindet.

Als Gast in deren Palast, dem Puri Saren Agung in Ubud, fand Spies einst seine erste Unterkunft auf Bali. Während *pura* Tempel bedeutet, heißt *puri* Palast, doch nicht bei allen Gebäuden, die sich so nennen, handelt es sich tatsächlich um ehemalige Herrschersitze, sondern oftmals um Shops, Hotels oder, wie im Falle des Puri Lukisan, des »Palastes der Gemälde«, um ein Museum. Der an der Nordostecke von Ubuds zentraler Straßenkreuzung gelegene Puri Saren Agung wurde im frühen 19. Jahrhundert erbaut, doch stammen etliche der rund dreißig Pavillons aus der Zeit nach dem Erdbeben 1917. Seine Anlage folgt wie die aller balinesischen Paläste dem Konzept des *sanga mandala*: Es teilt das Palastgelände entsprechend den *dewata nawa sanga,* den neun Wächtergöttern der Richtungen, in neun Höfe, und jeder dieser *palebahan* hat eine bestimmte Funktion. Während die beiden äußeren Höfe täglich das Ziel Hunderter Touristen sind, bleibt der größte Teil des Palastes der Öffentlichkeit verschlossen, natürlich aber nicht den prominenten Besuchern der königlichen Familie, zu denen gekrönte Häupter zählten, Eleanor Roosevelt und John Rockefeller, Ho Chi Minh, Tito und Nehru, Bobby Kennedy und Marlon Brando. Ich befinde mich also in mehr oder weniger guter Gesellschaft: Wann immer ich mich in Ubud aufhalte, habe ich die Freude, Tjokorda Gde Putra Sukawati sehen zu dürfen, den aktuellen *penglingsir*, wie man das Oberhaupt der königlichen Familie, sozusagen den Clanchef, nennt.

Inzwischen ist mir der Ablauf der Audienz vertraut: Ich betrete den *ancak saji*, den äußeren Hof durch den Haupteingang, der sich wie bei allen Palästen an der westlichen Seite des *kelod*-Endes befindet. Hier bereitete man sich früher auf den Empfang durch die Herrscher vor, hier wohnten diese Tanzvorführungen bei – und hier finden heute allabendlich öffentliche *legong*- oder *barong*-Aufführungen statt. In der Südwestecke des *ancak saji* steht der *bale tegeh*, eine Art Aussichtspavillon, von dem aus der Herrscher auf die Straße und sein Volk herabblicken konnte. Ich melde mich bei den Wachen, die einen der Bediensteten des Königs herbeirufen. Er geleitet mich durch eine Nebentür im *kori agung*, dem großen Tor, welches Balis berühmtester Künstler I Gusti Nyoman Lempad entworfen hat, in den nächsten Hof, den *samanggen*, wo traditionell der *pelebon*, die Totenzeremonie, abgehalten wird, und von dort durch ein Tor auf der *kaja*-Seite des Hofes in den *rangki*, den Wohnbereich. Dort überlässt er mich in der Regel einem ranghöheren – und besser Englisch sprechenden – Angestellten, der sich um freundliche Konversation bemüht, bis der Gastgeber erscheint. Nun gilt bekanntlich in Europa Pünktlichkeit als die Höflichkeit der Könige – da Queen Elizabeth indes ihren High Tea ohne mich einzunehmen geruht, habe ich keinen Schimmer, ob das wirklich stimmt. Auf Bali hingegen ist es unangebracht, zur angegebenen Zeit aufzukreuzen, egal, ob man in eine Hütte oder einen Palast geladen ist. Doch ich vermag nicht, über meinen Schatten zu springen, und komme sogar zwei Minuten zu früh, obschon ich sicher sein kann, dass Tjok Putra mit der sittlich gebotenen Verspätung erscheinen wird. Da er zudem zwei Doktortitel trägt, gönnt er sich gleich zwei akademische Viertel.

Apropos Titel: Je nachdem, wen man fragt, heißt es, Tjok Putra sei ein Enkel des letzten Königs oder ein Sohn des letzten Königs von Ubud. Soll man denn nun das Ende des Königtums mit der Unterwerfung durch die Holländer datieren oder mit der Bildung der einheitlichen Republik Indonesien am 17. August 1950, also ein halbes Jahrhundert später? Zählen die Regenten Ubuds eigentlich zu den Königen, oder tun das nur jene acht, deren Macht und Titel die Holländer 1938 offiziell restaurierten? Was wäre denn eine korrekte Übersetzung von Tjokorda oder, nach neuerer Schreibweise, Cokorda? Fürst? Oder besser Prinz?

Überhaupt erscheinen mir die Geschichte und Geschichten der diversen Herrscher über und auf Bali recht verwirrend. Da zumindest aus einigen Epochen verlässliche schriftliche Überlieferungen fehlen, finden sich in den Geschichtsbüchern nicht selten widersprüchliche Angaben. Gegen Ende des ersten Jahrtausends ein unabhängiges Königtum, wurde Bali 1343 Teil des javanischen Majapahit-Reiches. Wie das geschah, erzählt eine Legende in vielen unterschiedlichen Varianten: König Beda Ulu, der übernatürliche Kräfte besaß, pflegte sich ab und an zu enthaupten und den Kopf wieder aufzusetzen. Während diese Show die meisten Untertanen beeindruckte, missfiel dem Gott Shiva solch eine überhebliche Angeberei, und er ließ beim nächsten Mal, als Beda Ulu seinen Partytrick vorführte, das abgetrennte Königshaupt auf Nimmerwiedersehen in einem reißenden Fluss verschwinden. Nun musste der Herrscher zwar nicht kopflos bleiben, denn geistesgegenwärtige Diener köpften ein vorbeilaufendes Schwein, doch schämte sich Beda Ulu seines säuischen Gesichtes, ließ seinen Thron turmartig erhöhen und befahl, man dürfe sich ihm nur mit gesenkten Augen nähern. Als eines Tages der javanische Premier und General Gajah Mada zu Besuch war, konnte der seine Neugier nicht bezähmen und beäugte den königlichen Kopf. Wütend verbrannte Beda Ulu in den Flammen seines eigenen Zornes, und Gajah Mada verleibte Bali dem Majapahit-Reich ein.

Hauptstadt Balis wurde Gelgel, die Regenten schmückten sich mit dem Titel Dewa Agung, »großer Gott«. Zu Beginn des 16. Jahrhunderts floh die Oberschicht des Majapahit-Reiches, also die Adligen und Priester, aber auch viele Künstler, vor den muslimischen Eroberern aus Java nach Bali und brachte Kunst und Kultur zu einer bis dahin ungeahnten Blüte; es begann das »Goldene Zeitalter«. Nach und nach verselbstständigten sich die dem Dewa Agung untergeordneten, von Rajas regierten Provinzen zu eigenen Königreichen, in denen wiederum einzelne Statthalter ebenfalls nach Autonomie strebten. Es gab unzählige Intrigen, dynastisch vorteilhafte, aber inzestuöse Heiraten, Blutfehden und Kriege. Herrscher stiegen auf und wurden gestürzt, neue Königtümer gegründet und wieder zerschlagen, bis sich um 1800 ein stabiles Arrangement von neun Reichen etablierte, deren Vorsitz im »Rat der Könige« als Ranghöchster der Dewa Agung innehatte, der mittlerweile von Klungkung aus herrschte.

Als die Niederländer zwischen 1846 und 1908 Bali nach und nach besetzten, machten einige Rajas Zugeständnisse, kollaborierten und behielten ihre Titel, andere verweigerten sich der Unterwerfung und starben mit ihren Untertanen bei einem ritualisierten Massenselbstmord, dem *puputan*, was, wörtlich übersetzt, so viel bedeutet wie »zu Ende bringen«. So öffneten sich beim Einmarsch der niederländischen Streitkräfte 1906 in Badung (dem heutigen Denpasar) die Tore des in Brand gesteckten Puri Agung: Von vier Dienern in einer Sänfte getragen, erschien I Gusti Ngurah, der Raja, in traditionelle weiße Gewänder gehüllt und mit kostbaren Juwelen geschmückt, gefolgt von seinem Hofstaat, seinen Beamten, Priestern und Bediensteten, Frauen und

Kindern. Hundert Schritte vor den fremden Soldaten hielt die Prozession an, und der Raja ließ sich von einem Priester erstechen. Seine Begleiter folgten nach und nach dem Beispiel, die Frauen warfen Goldmünzen und Juwelen auf die Niederländer, die einen Angriff mit Lanzen mit Gewehrschüssen erwiderten – Hunderte Balinesen fanden den Tod. Vicki Baum beschreibt dieses Gemetzel eindrucksvoll in ihrem Roman »Liebe und Tod auf Bali«. Wo einst der Puri Agung niederbrannte, befindet sich heute ein friedvoller Park, der Taman Puputan Badung mit dem »Monumen Puputan Badung«, das an die schrecklichen Geschehnisse erinnert.

1908 wiederholte sich das Schauspiel in Klungkung. Als die Niederländer ihre Kanonen in Stellung gebracht hatten, erschien der Dewa Agung, in der einen Hand einen kostbaren *kris*, in der anderen eine zeremonielle Lanze mit goldener Spitze haltend. Er stieß den *kris* in die Erde, die sich, so hatten es die Priester vorhergesagt, daraufhin zu einem tiefen Spalt öffnen und die Gegner verschlingen sollte. Stattdessen trafen ihn zwei Gewehrkugeln, sechs seiner Frauen umringten den Toten und erdolchten sich, dann nahmen sich weitere zweihundert Mitglieder des Königshofes demonstrativ das Leben, der Palast wurde durch Kanonen zerstört – seit Anfang der 1990er-Jahre erinnert daran das »Monumen Puputan Klungkung«, eine riesige Stupa aus Vulkangestein.

Doch wie war das nun mit den Sukawatis? Das Königreich Sukawati, gegründet von Dewa Agung Anom, hatte im 18. Jahrhundert nur wenige Generationen lang Bestand, bis es durch das Königreich Gianyar verdrängt wurde. Unter dessen Schutz herrschten Abkömmlinge der königlichen Familie Sukawati über Ubud. Ende des 19. Jahrhunderts galt Tjokorda Gde Sukawati, der Distriktverwalter (*punggawa*) von Ubud, als einer der mächtigsten Fürsten Balis. Er beherrschte den größten Teil Gianyars und de facto auch dessen König, der sich, vorsichtig formuliert, Sukawatis Rat beugte. Er arrangierte sich mit den niederländischen Kolonialherren, die seinen ältesten Sohn, Tjokorda Gde Raka Sukawati, zum Vertreter Balis im »Volksraad« ernannten, womit dessen Bedeutung die der Rajas übertraf. Und obwohl die Herrscher von Ubud eigentlich nicht dem »Rat der Könige« angehörten, wurde ihm auch dort ein Sitz eingeräumt.

Tjokorda Gde Raka Sukawati holte jenen Künstler nach Bali, der 15 Jahre lang der wohl bekannteste Ausländer auf der Insel sein sollte und bis heute einen legendären Ruf genießt: Walter Spies. 1895 als Sohn des deutschen Großkaufmanns und Honorarkonsuls Léon Spies in Moskau zur Welt gekommen, wuchs Walter Spies in einer musisch interessierten Familie auf, spielte früh Klavier, zeichnete und malte. Auch seine Geschwister zeigten Talent: Leo sollte Komponist und Dirigent werden, Ira Sängerin und Pianistin, Daisy eine gefeierte Tänzerin. Ab 1910 besuchte Spies das Vitzthum-Gymnasium in Dresden, verbrachte aber die Ferien weiterhin auf dem russischen Landgut der Familie, wo er 1915 als »wehrpflichtiger feindlicher Ausländer« festgenommen und bis 1918 in Sterlitamak im Ural interniert wurde. Nach seiner Freilassung kehrte er über Moskau nach Dresden zurück, kam in Kontakt mit Oskar Kokoschka und Otto Dix und hatte bald selbst erste Erfolge als Maler. 1920 übersiedelte er nach Berlin.

Wesentlich wurde die Begegnung mit dem sieben Jahre älteren Stummfilmregisseur Friedrich Wilhelm Murnau, der sich in den aristokratisch aussehenden, umfassend gebildeten Spies verliebte. Der zog 1921 bei ihm ein und begleitete den flamboyanten Murnau – eigentlich hieß er Plumpe –

fortan auf Motivsuche und zu Dreharbeiten, unter anderem zum Dracula-Film »Nosferatu, eine Symphonie des Grauens«, der heute als Meisterwerk des expressionistischen Films gilt. Insbesondere seine Lichttechnik beeinflusste den Maler Walter Spies und damit später indirekt die balinesische Kunst. Es dauerte jedoch nicht lange, da fühlte sich Spies durch seinen melancholischen Lover eingeengt, vor allem aber wollte er dem hektischen Großstadtleben der Berliner Boheme entfliehen. So heuerte er 1923 als Leichtmatrose auf der *S. S. Hamburg* an, ging in Niederländisch-Indien, dem kolonialen Vorläufer der heutigen Republik Indonesien, von Bord und verdingte sich als Klavierspieler in einem Stummfilmkino in Bandung, bis ihm Hamengkubuwono VIII., der Sultan von Yogyakarta, die Leitung seines europäischen Orchesters anbot, das zur Begrüßung und Unterhaltung der internationalen Gäste aufspielte. Während seiner Zeit im *kraton*, dem Palast, studierte Spies die traditionelle, für westliche Hörer ungewöhnliche Gamelan-Musik und erfand eine Notation dafür.

1925 besuchte Spies von Java aus erstmals die Nachbarinsel Bali und logierte, dank eines Empfehlungsschreibens des Sultans, unter anderem eine Woche lang im Puri Saren Agung in Ubud. Als er dort Zeuge eines Trancetanzes wurde, fühlte er sich »wie gebannt, wie behext, am liebsten hätte ich geschrien, mitgetanzt!« 1927 ließ er sich auf Einladung von Tjokorda Gde Raka Sukawati dauerhaft in Ubud nieder, zunächst im Puri Saren Agung, wo er den »Wasserpalast«, die ehemalige *lontar*-Bibliothek, bewohnen durfte; das Gebäude ist heute nicht mehr vorhanden. Dann errichtete Spies ein Bambushäuschen gegenüber dem – noch heute zu besichtigenden – Anwesen des Malers, Steinbildhauers und Architekten I Gusti Nyoman Lempad. Der muss damals Mitte sechzig gewesen sein; wann genau er geboren wurde, weiß man, wie bei vielen Balinesen, nicht genau, verbürgt ist jedoch, dass er bereits verheiratet und in Ubud ansässig war, als 1883 der Vulkan Krakatau ausbrach. Die Flutwelle, die diese Eruption ausgelöst hatte, war selbst in Europa registriert worden, die Aschepartikel in der Atmosphäre hatten weltweit für außergewöhnliche Sonnenuntergänge gesorgt – und damit Edvard Munch zum Gemälde »Der Schrei« inspiriert. Man nimmt an, dass Lempad bei seinem Tod 1978 stolze 116 Jahre gezählt hat. Seine Zeichnungen können Sie unter anderem im Museum Puri Lukisan sehen, im Neka Art Museum und im ARMA, dem Agung Rai Museum of Art. Im Zentrum von Denpasar blickt an der Nordwestecke des Puputan-Platzes der 1972 von ihm geschaffene »Catur Muka«, eine neun Meter hohe, viergesichtige und achtarmige Statue des Gottes Bhatara Guru, des Wächters der vier Himmelsrichtungen, gelassen über den Kreisverkehr. Nicht zuletzt aber war Lempad ein anerkannter *undagi*, wie man die Architekten von Tempeln und Palästen nennt, wovon in Ubud heute der pittoreske Pura Taman Saraswati, der *pura desa*, das Museum Puri Lukisan, und natürlich, wie erwähnt, das beeindruckende *kori agung* im Palast der königlichen Familie zeugen.

Letztere überließ Ende der 1920er-Jahre Lempads kurzzeitigem Nachbarn Walter Spies ein weitläufiges Areal in Campuhan, auf dem das deutsche Multitalent sein eingangs erwähntes Domizil errichtete. Er teilte es nicht nur mit einigen hübschen Jungs, die als Hausangestellte dienten, sondern einer ganzen Menagerie: mit Hunden und Katzen, zwei Flughunden, einem Python, etlichen Papageien, einem Kakadu, den er auf den Namen Ketut taufte, einem Tukan namens Nebukadnezar und nicht zuletzt dem über alles geliebten Äffchen Ida Bagus. Intensiv beschäftigte er sich mit den lokalen Mythen, Zeremonien und Gebräuchen und engagierte sich für den Wiederaufbau des Museums in Denpasar, vor allem aber wurde er zum wichtigsten Katalysator für die wachsende internationale Bekanntheit der Insel. Er organisierte den balinesischen Beitrag für die Pariser Weltausstellung 1931, wo der einflussreiche Theatertheoretiker Antonin Artaud erstmals balinesische Tänze sah, beriet den amerikanischen Filmregisseur André Roosevelt, Theodores Cousin und das schwarze Schaf der Familie, bei den Dreharbeiten zur balinesischen Dreiecks-Liebesgeschichte »Goona-Goona«, und half Friedrich Dalsheim und Victor von Plessen bei ihrem Film »Insel der Dämonen«. Spies veränderte hierfür den *sanghyang dedari*, jenen Tanz, der ihn 1925 so beeindruckt hatte: Während Episoden aus dem Ramayana-Epos dargestellt werden, skandieren die in konzentrischen Kreisen um die Spielfläche sitzenden, nur mit einem Lendenschurz bekleideten jungen Männer rhythmisch »tschack-e-tschack-e-tschack« und bewegen dazu ekstatisch Oberkörper und Arme – heute ist der *kecak* längst eine Touristenattraktion. Der Streifen wurde am 16. Februar 1933 in Berlin uraufgeführt, unmittelbar danach aber als nicht jugendfrei in die Spätvorstellungen verbannt. Einmal mehr ging es um die entblößten Brüste der Balinesinnen. Plessen brach schon bald zu einer weiteren Expedition zu den Kopfjägern nach Borneo auf. Dalsheim, der als Jude nicht mehr für deutsche Filmproduktionen arbeiten durfte, erschoss sich 1936 in einem Zürcher Hotel.

Unterdessen beschäftigte sich Spies auf Bali weiter mit der traditionellen Gamelan-Musik, die er in unser Notensystem transkribierte und so der westlichen Hemisphäre zugänglich machte; zeitweise unterhielt er zwei eigene Orchester mit je 20 bis 25 Spielern. Zusammen mit der englischen Tanzforscherin Beryl de Zoete verfasste er 1938 das erste ausführliche Werk über balinesisches Theater. Vor allem aber beeinflusste er Motivik und Technik der balinesischen Malerei. Die Balinesen malten nun nicht mehr ausschließlich Götter, Dämonen und Helden im zweidimensionalen, vom Schattenspiel beeinflussten Wayang-Stil, sondern wandten sich Szenen aus dem Alltagsleben zu, versuchten sich in perspektivischer Darstellung und ließen sich von Spies' magischem Realismus zu dramatischen Licht- und Schattenwirkungen anregen; statt Tusche oder farbpigmentiertem Leim benutzten sie nun Öl- und Acrylfarben. Noch heute ist der nachhaltige Einfluss von Spies zu sehen, am deutlichsten in den Werken des 1969 geborenen I Gusti Agung Wiranata. Wie kein anderer hat er die Bildsprache Walter Spies' aufgenommen und weiterentwickelt – auch wenn ihm manche Kritiker vorwerfen, er kopiere lediglich den Stil seines Vorbilds.

Wiranatas Bilder seien sogar besser als die von Spies, behauptet hingegen der berühmte Maler Arie Smit – mit einer simplen Begründung: »Schließlich ist er Balinese!« Der 1916 im holländischen Zaandam geborene Adrianus Wilhelmus Smit hatte von Bali das erste Mal durch Vicki Baums »Liebe und Tod auf Bali« gehört, diente 1938 als niederländischer Soldat in Java, musste als japanischer Kriegsgefangener in Thailand die berüchtigte Brücke am Kwai mitbauen, nahm 1951 die indonesische Staatsbürgerschaft an und kam 1956 nach Bali. Er leitete Hunderte junger Balinesen zu erfrischend unakademischer, naiver und farbenfroher Malerei an, begründete damit das »Young Artists Movement« und stand auch selbst noch bis zu seiner Erblindung im Frühjahr 2012 beinahe täglich an der Staffelei. Heute wird der betagte Künstler in einem Anwesen seines Mäzens Pande Wayan Suteja Neka umsorgt, unweit des von diesem 1982 begründeten Museums in Kedewatan, einen – allerdings bergauf führenden – Spaziergang von Spies' einstigem

Wohnsitz in Campuhan entfernt. Das äußerst sehenswerte Neka Art Museum zeigt traditionelle und zeitgenössische balinesische Kunst, Bilder von Indonesiern wie Abdul Aziz und Affandi sowie von auf Bali tätigen Ausländern wie den Holländern Rudolf Bonnet und Willem Gerard Hofker, dem Schweizer Theo Meier, dem Australier Donald Friend, dem Spanier Antonio Blanco und nicht zuletzt Arie Smit, dessen Werke teils impressionistisch anmuten, teils an die Fauvisten der Zwanzigerjahre erinnern.

Ob Smit mit seiner Einschätzung der Malkunst I Gusti Agung Wiranatas recht hat, können Sie leicht selbst beurteilen: Besuchen Sie Wiranata in seinem Atelier in Kapal, einem zehn Kilometer nordwestlich von Denpasar gelegenen Dorf, das bekannt für seine Töpfereien und Keramikwerkstätten ist – unzählige tönerne Götter- und Dämonenstatuen harren am Straßenrand auf Käufer. Überhaupt gilt: Wenn Sie sich für hochwertige balinesische Malerei interessieren, sollten Sie sich erst in einem der führenden Museen wie dem Puri Lukisan (der übrigens auch ein Bild Wiranatas ausstellt), dem Neka Art Museum oder dem ARMA informieren, bei vertieftem Interesse aber keine Scheu zeigen, die Künstler persönlich aufzusuchen. Die meisten freuen sich über Gäste (also potenzielle Kunden), selbst Berühmtheiten wie der 1950 in Batuan geborene I Wayan Bendi, dessen Bilder unter anderem im Neka Art Museum hängen. Mein Favorit unter Balis Künstlern gilt manchen als der bedeutendste zeitgenössische Vertreter des in den 1920er- und 1930er-Jahren entwickelten Batuan-Stils: Dessen detailliert gemalte, traditionell schwarz-weiße Werke erinnern mit ihren zahllosen Göttern, Dämonen und mythologischen Figuren, gepaart mit mehreren unzusammenhängenden Alltagsszenen wie einem Tempeltanz oder der Reisernte an die bei uns populären Wimmelbilder. Für andere hingegen ist I Wayan Bendi ein Außenseiter, denn seine unkonventionellen, farbenfrohen Acrylgemälde stellen amüsant und zugleich kritisch die Spannung zwischen Massentourismus und traditionellem Leben dar, karikaturhaft zeigen sie braun gebrannte Surfer und balinesische Reisbauern, im Fluss badende Kinder und mit Kameras bewaffnete, stets großnasige Weiße, die sich um den besten Platz bei einer Zeremonie drängen. Es gibt aber auch Bilder von Bendi, die den indonesischen Unabhängigkeitskampf zeigen, die Terroranschläge auf das World Trade Center 2001 oder die Trauer um Prinzessin Diana.

Wollen Sie tatsächlich ein Werk kaufen, erhalten Sie es im Atelier des Künstlers nicht nur aus erster Hand, sondern sparen auch die Provision des Galeristen. Die von mystischem Licht durchfluteten Landschaften I Gusti Agung Wiranatas und die humorvollen Bilder I Wayan Bendis beispielsweise sind mit Preisen im eher niedrigen vierstelligen Euro-Bereich durchaus noch erschwinglich – ganz im Gegensatz zu den weltweit gesuchten Meisterwerken von Spies. Sie haben in den letzten beiden Jahrzehnten stetig steigende Auktionspreise erzielt, »Die Landschaft und ihre Kinder« brachte 2002 umgerechnet knapp 1,2 Millionen Euro, »Blick von der Höhe« 2013 mehr als drei Millionen. Auch wenn der großzügige Lebenskünstler Spies mitunter von der Hand in den Mund lebte und vor allem dann Bilder veräußerte, wenn er gerade Geldnot litt, waren der professionalisierte Vertrieb und Verkauf von Kunst auch für ihn ein wichtiges Thema. 1936 gründete er gemeinsam mit dem holländischen Zeichner und Maler Rudolf Bonnet – im selben Alter wie Spies und ebenso schwul –, seinem balinesischen Kollegen I Gusti Nyoman Lempad sowie Rakas Halbbruder Tjokorda Gde Agung Sukawati die Künstlervereinigung »Pita Maha«. Die vom Vorstand akzeptierten Werke ihrer 130 Mitglieder wurden bis nach Europa und in die USA verschickt; Zweck der bis 1942 aktiven Organisation waren also Qualitätskontrolle und Vermarktung der einheimischen Malerei.

Kunst und Marketing sind denn auch die Lieblingsthemen von Tjokorda Gde Agung Sukawatis Sohn, meinem Gastgeber Tjok Putra, auf den ich im Palast geduldig warte. Natürlich hat der Tjokorda im 21. Jahrhundert keine Macht mehr, wohl aber großen Einfluss. Er kümmert sich um Ubuds kulturelles Erbe, begleitet Priester zu wichtigen Zeremonien, mitunter bis zu achtmal täglich, bezieht Stellung in politischen und gesellschaftlichen Fragen. Nun ist »His Royal Highness« zwar stolz auf seine Herkunft aus einer bedeutenden Familie, im Umgang aber ohne jeden Standesdünkel. Als wir uns vor Jahren kennenlernten, grinste er nach einem langen, recht komplizierten und auf Englisch geführten Gespräch unvermittelt, artikulierte tadellos und mit einem gewissen Stolz das für die meisten Nichtschweizer zungenbrecherische Wort »Chuchichäschtli« und erklärte nonchalant in passablem Schweizerdeutsch, er habe eine Zeit lang in Bern gelebt und liebe die Schweiz – mein Geburtsland. So begrüßen wir uns auch diesmal mit einem freundlichen »Grüezi!«, wechseln dann aber leider doch ins Englische.

Schon bevor mich Tjok Putra bittet, Platz zu nehmen, ziehe ich meine Schuhe aus, obgleich ich weiß, dass er beteuern wird, das sei doch nicht nötig – beides ist Teil der guten Sitten. Der Boden des Empfangspavillons, besser gesagt: der Verenda des zentralen Gebäudes, ist mit dicken Teppichen belegt. Decke, Säulen und Rückwand sind mit blattgoldüberzogenen, aufwendigen Schnitzereien verziert. Als Dekoration dienen chinesische Vasen, einige historische Fotos der Familie, in einer Ecke prangt eine Beethoven-

Büste, davor steht ein hölzerner Garuda, das halb mensch-, halb adlergestaltige Reittier Vishnus. Kaum haben wir uns auf die schweren, barock wirkenden Samtsofas gesetzt, serviert ein Diener heißen Tee und Gebäck. Durst hätte ich schon, doch heißt es als Gast abzuwarten, bis man nachdrücklich aufgefordert wird, einen Schluck zu trinken, also halte ich mich zurück. Lange, denn der Prinz lässt sich Zeit. Zunächst einmal spricht er über Kultur, Tourismus und Marketing – und natürlich über seinen Vater, den großen Tjokorda Gde Agung Sukawati.

»Mein Vater hat den Wandel gebracht, ohne die Identität preiszugeben. Hätte er in den Dreißigerjahren nicht Walter Spies und weitere europäische Künstler unterstützt und gefördert, hätte er nicht Touristen von der Küste hierher gelockt, wäre Ubud nicht das, was es heute ist. Veränderungen gibt es überall, man kann sie nicht aufhalten. Tradition und Fortschritt stehen nicht im Widerspruch. Wichtig ist die Balance«, erklärt mir Tjok Putra. Sein Vater hatte 1953 »Yayasan Ratna Wartha« mitbegründet, eine Stiftung, die die Bemühungen von »Pita Maha« fortsetzte und das 1956 eröffnete Museum Puri Lukisan initiierte, die wohl bedeutendste Sammlung von Gemälden und Holzskulpturen auf Bali. Vor ein paar Jahren hat nun der Marketingenthusiast Tjok Putra zusammen mit zwei anderen Prinzen einen Neubau auf dem Museumsgelände gesponsert: das Museum of Marketing 3.0. Während sich Marketing 1.0 auf Produkte konzentriert habe, habe Marketing 2.0 den Fokus auf Kundenbindung gesetzt, erklärt mir der studierte Wirtschaftswissenschaftler. Marketing 3.0 sei hingegen werteorientiert, begreife den Verbraucher nicht nur als Konsumenten, sondern als ganzheitliches Wesen mit Herz, Geist und Seele. Herkömmliche Werbestrategien hätten ausgedient, es gehe darum, Vertrauen zu schaffen, die Verbraucher dienten als die besten Botschafter der Marke, wichtig sei Authentizität. Ubud besitze *taksu*, fährt Tjok Putra fort. Das Wort hat mehrere Bedeutungen, es bezeichnet unter anderem den Hausschrein, aber auch die Inspiration, die die verstorbenen Ahnen ihren Nachkommen übermitteln können. Ein Tanz kann technisch perfekt ausgeführt werden, doch wenn ihm *taksu* fehlt, bleibt er seelenlos. *Taksu* ist also eine besondere spirituelle, ja magische Kraft, und wer nach Ubud kommt, solle dessen *taksu* spüren, so Tjok Putra. Ubud, das heiße Malerei, Musik und Tanz, kulturelle und religiöse Tradition, Kontemplation und Spiritualität. Dieser Ort dürfe kein Hotspot des Nachtlebens werden, wer sich in Diskotheken amüsieren wolle, müsse Urlaub in Kuta machen.

So hat man sich in Ubud auch bemüht, die Ansiedlung internationaler Fast-Food- und Restaurant-Ketten zu verhindern – bislang verkauft lediglich Starbucks seine genormten Produkte in bester Zentrumslage. Tjok Putra zeigt sich überzeugt, dass man damit auf dem richtigen Weg ist, zumindest größtenteils. »Strände gibt es woanders auch. Das Wesentliche ist, den Touristen die balinesische Kultur zu zeigen, aber auch die Bedeutung dieser Bräuche und Traditionen zu vermitteln. Sie sollen verstehen, was sie sehen.« Während sich sein Vater vor allem für die Malerei interessierte, steht im Zentrum von Tjok Putras Bemühungen die balinesische Musik. So früh wie möglich will er Ubuds Kinder für sie begeistern; auch jetzt, während wir plaudern, übt eine Gruppe kleiner Mädchen im vordersten Hof des Palastes einen traditionellen Tanz. Dass längst nicht mehr nur im Rahmen von religiösen Zeremonien getanzt wird, sondern manche Tänze als profane Attraktion für Touristen gezeigt werden, sieht Tjok Putra positiv: Das große Interesse der Besucher motiviere die Kinder. Und stolz verweist er darauf, dass 90 Prozent der Einwohner Ubuds musizieren und tanzen. »Die Musik ist der Rhythmus unseres Lebens. Wer die balinesische Musik kennt und schätzt, übernimmt deren Rhythmus in den Alltag, geht anders, bewegt sich anders, denkt anders – nämlich balinesisch. Das Leben ist Melodie.«

Die meisten Touristen, die heute Ubud besuchen, wollen sich von diesem Rhythmus anregen und begleiten lassen. Man begegnet ihm auf Bali ständig und überall, denn beinahe jedes Zimmermädchen tritt in seiner Freizeit als Tänzerin auf, fast jeder Fahrer skandiert abends den *kecak*, spielt im Gamelan-Orchester, arbeitet als Maler, Holzschnitzer oder Steinbildhauer. Obschon die balinesische Sprache den Begriff »Kunst« nicht einmal kennt, gehören die Künste hier zum Leben wie Luft oder Wasser. So dichtete der englische Schauspieler und Bühnenautor Noël Coward: »Es gibt, meinte ich heute zu Charlie, / Doch sehr reichlich Musik hier auf Bali, / Und so sehr es bezaubert im Ganzen, / Tät's auch etwas weniger Tanzen. / Mir scheint, jeder Mensch dieser Insel / Schwingt den Klöppel, das Bein und den Pinsel. / Zwar sind die Produkte recht witzig, / Doch *der* Kunstfleiß ist mir allzu hitzig.«

Noël Coward kam 1935 nach Bali – und besuchte natürlich Walter Spies. Als die berühmten und weniger prominenten Gäste immer zahlreicher wurden, ließ Spies sein Anwesen in Campuhan sukzessive um Neubauten erweitern, bis ein regelrechtes Hotel entstand. Von 1937 leiteten diesen expandierenden Betrieb der Tänzer und Fotograf Fritz Lindner und sein Lebensgefährte, der Zeichner und Journalist Walter Dreesen. Bali, wo man Homosexualität traditionell als harmlosen Zeitvertreib unverheirateter Männer betrachtete, galt damals nicht zuletzt unter Schwulen als *fashionable*. So begrüßte Spies neben Coward den Komponisten Colin McPhee, den *Times*-Korrespondenten Victor Cunard, dessen Familie der berühmten Schiffslinie ihren

Namen gegeben hatte, den Musical-Komponisten Cole Porter, den deutschen Sexologen Magnus Hirschfeld und viele andere. Doch das scheinbare Paradies fand 1938 ein jähes Ende, als einige holländische Beamte beschlossen, gezielt gegen die zahlreichen europäischen Homosexuellen auf der Insel vorzugehen. Im Zuge einer regelrechten »Hexenjagd«, so nannte es die Anthropologin Margaret Mead, wurden 177 Personen festgenommen, darunter Walter Spies, der noch in letzter Minute versucht hatte, nach Java zu entfliehen. Zunächst im Gefängnis von Kerobokan inhaftiert, wurde er in Surabaya wegen »Geschlechtsverkehrs mit Minderjährigen des gleichen Geschlechts« angeklagt und zu acht Monaten Gefängnis verurteilt. Drei Tage nach seiner Freilassung brach der Zweite Weltkrieg aus, neun Monate später wurden nach der Invasion der deutschen Truppen in Holland alle Deutschen in Niederländisch-Indien interniert, zunächst auf Java, dann auf Sumatra. Aus Angst vor einem drohenden Überfall der Japaner wollten die Holländer 478 dieser Gefangenen mit dem Frachter *Van Imhoff* nach Bombay bringen, doch am 19. Januar 1942, einen Tag nach seinem Auslaufen, traf unweit der Insel Nias eine japanische Bombe das als Kriegsgefangenentransport gekennzeichnete Schiff. Kapitän Hoeksema und seine Besatzung retteten sich, 412 Deutsche ertranken, darunter Walter Spies.

Den meisten Deutschen unbekannt, ist »Walter Piss« – so klingt der Name in der Aussprache der Einheimischen – auf Bali bis heute populär. Doch nur ein einziges Originalgemälde von ihm kann hier bewundert werden: Im ARMA hängt neben einigen Reproduktionen das 1927 entstandene Ölbild »Calonarang«, das der Sammler und Museumsgründer Agung Rai in Amsterdam erworben und nach Bali zurückgebracht hat. Fast ausnahmslos befinden sich die Bilder von Spies in Privatsammlungen, einige erwarb der indonesische Präsident Sukarno, darunter eines der schönsten, »Iseh im Morgenlicht«, das heute zur Sammlung des Präsidentenpalastes der Republik Indonesien gehört.

Was Spies darauf in Öl festgehalten hat, können Sie aber auch in echt bestaunen, in Iseh, einem abgeschiedenen Dorf am südlichen Fuß des heiligen Vulkans Gunung Agung. Die vom Tourismus nahezu unberührte Region gehört für mich zu den schönsten der Insel, die Fahrt von Klungkung über Sidemen ist traumhaft. Hier suchte Walter Spies Inspiration, wenn ihm der Trubel seiner internationalen Besucher in Campuhan zu viel wurde. Nach seinem Tod mietete der Maler Theo Meier ein einfaches Landhaus, in das sich schon Spies zurückgezogen hatte – es gehörte dem Tjokorda Gde Dangin, wie noch heute einige Hotels und Homestays der Gegend im Besitz der königlichen Familie sind. Den braven Schweizer Meier, 1908 in Basel geboren, hatte als jungen Mann nach dem Besuch einer Gauguin-Ausstellung die Sehnsucht nach dem Paradies gepackt: »Im Jahre 1932 gründete ich als junger Maler einen Verein. Den Mitgliedern versprach ich große Rabatte für künftige Meisterwerke. Dafür finanzierten sie mir eine Reise in die Südsee. Es war das Geschäft meines Lebens.« Auf Tahiti hatten ihn die Schönheiten der Natur ebenso begeistert wie die der weiblichen Einwohner, doch was ihn an Gauguins Bildern so fasziniert hatte, hatte er in Französisch-Polynesien nicht wiedergefunden. So hatte er für eine zweite Reise gespart, die ihn nach Bali führen sollte: »Im Film ›Insel der Dämonen‹ war ich dort einem Leben begegnet, das eine Ursprünglichkeit ausstrahlte, die nicht vom Regisseur erfunden sein konnte.«

Tatsächlich wurde Meier bei seinem ersten Besuch 1935 von Eindrücken geradezu überwältigt: »Die erste Nacht auf Bali war für mich verwirrend. Gamelan-Klänge drangen durch die Bretterwände meiner Holzkammer. Der Vollmond leuchtete durch Ritzen und Astlöcher. Ich stieg kurz nach dem Zubettgehen, von der Musik im Freien aufgerüttelt, wieder in meine Kleider und befand mich bald mitten in einem berückenden Tempelfest. [...] Ich kostete den Reiswein und den Reisschnaps, den mir eine junge, liebliche Balinesin mit Blumen im Haar kredenzte. Hinter den Reisfeldern zeichnete sich eine Reihe von Palmensilhouetten am Nachthimmel ab. Über den schlanken Stämmen funkelten der Mond und die Sterne. Der Rausch, der mich erfasste, ist nie mehr abgeklungen.«

Statt, wie geplant, zwei Wochen auf Bali zu bleiben, ließ sich Theo Meier dauerhaft hier nieder, heiratete die 17-jährige Ni Made Mulugan und schloss 1942 eine zweite Ehe mit Ni Made Pegi. Im Gegensatz zu Spies war er weder von der Inhaftierung Homosexueller betroffen noch von der Internierung feindlicher Ausländer, weder durch die Holländer noch durch die Japaner, die 1942 Bali einnahmen und beispielsweise Rudolf Bonnet nach Sulawesi deportierten, schließlich war Meier ein »neutraler« Schweizer. So bleib er während des gesamten Krieges auf Bali und malte seine gauguinesken, barbusigen Schönheiten – Meiers Bilder können Sie unter anderem im Neka Art Museum sehen.

Zu den wenigen europäischen Künstlern, die während des Krieges auf Bali blieben, zählt auch der belgische Impressionist Adrien-Jean Le Mayeur de Merpres. Er wurde zwar von den japanischen Invasoren vorübergehend unter Hausarrest gestellt, durfte aber ungehindert arbeiten. 1932 nach Bali gekommen, hatte er sich mit 52 Jahren in die grazile, 15-jährige *legong*-Tänzerin Ni Pollok verliebt und sie 1935 geheiratet. Das Haus in Sanur, in dem die beiden lebten, wurde nach dem Tod Ni Polloks 1985 als Museum eingerichtet – es liegt in einem schattigen, mit Statuen geschmückten Garten unweit des »Inna Grand Bali Beach Hotels«. Sie können dort neben antiken geschnitzten Möbeln mehr als achtzig Bilder Le Mayeurs sehen; die meisten zeigen seine geliebte Frau und Muse.

Auch Antonio Blancos palastartiger Wohnsitz in der Jalan Raya Campuhan in Ubud – wie das Anwesen von Walter Spies auf einem von Tjokorda Gde Agung Sukawati zur Verfügung gestellten Gelände errichtet – ist von einem schönen Garten umgeben und dient, um einen pompösen, surrealistisch anmutenden Neubau erweitert, heute als Museum: Mehr als dreihundert Gemälde des 1999 Verstorbenen können, zusammen mit Werken seines Sohnes Mario Blanco, im Blanco Renaissance Museum bestaunt werden. Der 1911 im philippinischen Manila geborene Spanier Antonio Blanco war – neben den Holländern Rudolf Bonnet, der sich nach seiner Freilassung aus japanischer Gefangenschaft wieder bis 1957 auf Bali niederließ, Han Snel, der von 1950 bis zu seinem Tod 1998 in Ubud arbeitete, und dem bereits erwähnten Arie Smit – einer der bekanntesten in der zweiten Hälfte des 20. Jahrhunderts auf der Insel tätigen Maler und zweifellos der exzentrischste. Blanco kam 1952, heiratete wie Le Mayeur und Han Snel eine hübsche Tänzerin, die graziöse Ni Ronji, die ihm als Muse und Modell für seine erotischen Gemälde diente, ließ sich nur zu gerne mit Besuchern wie Michael Jackson ablichten und noch lieber als wichtigster Künstler Balis feiern – nun denn, ein bisschen Spaß muss sein.

Anders als an Don Antonio Blanco, den »Dalí von Bali«, erinnert heute kein spezielles Museum an die ungleich bedeutenderen Künstler Walter Spies und Theo Meier. Das Anwesen in Iseh wurde zu einem komfortablen Haus ausgebaut, wie es heißt – vielleicht aber auch schlicht abgerissen und durch einen Neubau mit vier Schlafzimmern ersetzt.

Auf alle Fälle wurde es um einen 14 mal 5 Meter großen Infinity Pool und allerlei andere Annehmlichkeiten erweitert. Sie können die Villa tage- oder wochenweise vom derzeitigen Besitzer, dem Schweizer Kunsthändler und Lebenskünstler Marco Boldrini, mieten. Billig ist das mit 900 Dollar pro Nacht nicht, doch immerhin: Das Personal ist inbegriffen. Und der spektakuläre Blick über die Reisfelder und den Gunung Agung, den Walter Spies einst auf Leinwand verewigt hat, eigentlich unbezahlbar.

Sollten Sie davon zu eigenen Werken inspiriert werden, können Sie in verschiedenen Malkursen, die unter anderem im ARMA und im Museum Puri Lukisan angeboten werden, kunsthandwerkliche Fertigkeiten erwerben – so wie man vielerorts das Schnitzen von Holzmasken probieren, sich in der Kunst des Batikens versuchen, das Herstellen von Opfergaben erlernen oder unter professioneller Anleitung Silberschmuck kreieren kann. Und viele Hotels arrangieren auf Wunsch Tanzkurse für ihre Gäste. Sie wissen ja: Auf Bali ist jeder ein Künstler. Den notwendigen *taksu* werden Sie schon spüren …

Im Rhythmus des Lebens

Auf der Treppe, die vorbei an moosbewachsenen steinernen Dämonen zum Pura Dalem Ubud emporführt, preisen Verkäuferinnen lautstark eisgekühltes Wasser, Cola und Bier an. Das beste Geschäft aber machen sie mit Insektenschutz in allerlei Varianten, von der Chemiekeule bis hin zur hautfreundlichen Lotion aus rein pflanzlichen Inhaltsstoffen. Kaum einer der vielleicht dreißig Touristen, die heute Abend den *kecak*, den berühmten »Affentanz«, sehen wollen, lässt sein Portemonnaie stecken, denn sämtliche Moskitos der Insel haben sich pünktlich zu Vorstellungsbeginn eingefunden – und wer trägt an einem solch schwül-warmen Abend schon lange Kleidung und geschlossene Schuhe? Als schließlich eine einzige große Autan-Wolke über dem plastikbestuhltem Platz hängt, wird ein mehrflammiger Ölleuchter entzündet, dessen flackerndes Licht den *candi korung*, das gedeckte Tempeltor, nur schwach erleuchtet. Leise murmelnd verspritzt ein Priester heiliges Wasser. Die Vorstellung kann beginnen. Im Schein einiger Fackeln erscheinen an die hundert Männer, nackt bis auf ein schwarz-weiß kariertes Hüfttuch, dessen Muster, *poleng*, das Gute und das Böse symbolisiert. Sie bilden einen mehrreihigen Kreis um den Leuchter, setzen sich auf den Boden und beginnen, leise zu summen und dann abgehackte, zunehmend aggressiver wirkende Laute auszustoßen. Einige Mitglieder dieses Chores, der als eine Art Gamelan aus menschlichen Stimmen in verschiedenen, sich überlagernden Rhythmen »tschack-e-tschack-e-tschack« skandiert, sind gerade erst der Pubertät entwachsen und präsentieren sichtlich stolz das Ergebnis harter Workouts, andere haben längst das Greisenalter erreicht und wirken zerbrechlich, ja beinahe durchsichtig. Nun aber bilden sie alle eine einzige, hin und her wogende Körpermasse, hundert Leiber verschmelzen zu einem großen Organismus.

Erst als sich meine Augen an das Halbdunkel gewöhnt haben, entdecke ich in der zweiten Reihe Wayan, der mich noch vor zwei Stunden mit seinem Auto in Kuta abgeholt und ins »Tjampuhan« gefahren hat. Ich kenne ihn nur aus dem Ei gepellt, jede Bügelfalte präzise, kein Fusselchen auf dem frischen Hemd, nun aber trägt auch er nichts außer einem besseren Lendenschurz und einer roten Blüte hinter dem Ohr, wiegt wie die anderen seinen nackten Oberkörper vor und zurück, reißt immer wieder abrupt die flatternden Hände in die Höhe und erweist sich in atemberaubend schnellen Chorpassagen als wahrer Artikulationskünstler. Ich muss an Thomas Manns Vergleich der Schauspieler mit den Glühwürmchen denken: Tagsüber grau und unscheinbar, beginnen sie abends zu leuchten …; und sehe Wayan fortan mit anderen Augen. Keiner der Mitwirkenden ist ein professioneller Darsteller, sie alle gehen ihrem Beruf als Kellner oder Koch, Reisbauer oder Handwerker nach – auch die Solisten, die nun das Bühnenrund betreten und eine Geschichte aus dem Ramayana-Epos spielen: Der böse Dämonenkönig Rahwana entführt die schöne Prinzessin Sita. Unterstützt von Hanumans Affenarmee, macht sich der göttliche Prinz Rama auf, sie zu befreien.

Walter Spies hat den beinahe hypnotisch wirkenden *kecak* aus dem *sanghyang* entwickelt. In diesem Beschwörungstanz, der in einem Dutzend Variationen vorkommt, nehmen Tänzer in Trance, begleitet vom monotonen »Tschack-e-tschack-e-tschack« des Männerchors, Verbindung zu den Göttern oder göttlich gewordenen Seelen auf. Hier im Pura Dalem Ubud zeigt das Ensemble nach dem *kecak* eine profane Version des *sanghyang jaran*, die den Touristen als »Feuertanz« annonciert wird: In Trance, begleitet von den rhythmischen Lauten der anderen, reitet ein Mann auf einem Steckenpferd aus Bambus und Stroh mehrmals um ein Feuer aus Kokosnussschalen herum, dann mitten hindurch. Er stößt seine nackten Füße mit solcher Wucht in die Glut, dass der helle Funkenflug das Publikum erschreckt zurückweichen lässt, und erfreulicherweise pausiert für einen Moment sogar das Blitzlichtgewitter der Smartphones und Tablets. Mit Rechen schieben zwei Männer die glühenden Kokosnussschalen immer wieder zur Platzmitte, und das spektakuläre, wenn auch wenig authentische Schauspiel beginnt von Neuem, bis die Glut schließlich erlischt. Wenn der Tänzer von einem Tempelpriester durch Besprengen mit Weihwasser aus der Trance zurückgeholt worden ist, könne er sich an nichts mehr erinnern, heißt es. Tatsächlich sind seine rußschwarzen Füße unversehrt.

Anders als die überlieferten *sanghyang*-Trancetänze ist der *kecak* kein heiliger Tanz und wird niemals bei Tempelfesten, Übergangsritualen oder Opferzeremonien aufgeführt, doch halten ihn viele Feriengäste für den faszinierendsten aller balinesischen Tänze oder vielleicht besser aller Tanzdramen – Tanz, Drama und Musik sind auf Bali untrennbar verbunden. Grundsätzlich kann man die über zweihundert verschiedenen Tanzformen der Balinesen in drei Kategorien einteilen: *tari wali*, heilige Tänze, die der Kommunikation mit den Göttern dienen, *tari bebali*, Opfertänze, die im Rahmen von rituellen Zeremonien aufgeführt werden, und *tari balih-balihan*, moderne Schautänze, zu denen der *kecak* zählt. Auch letztere besitzen freilich eine religiöse Bedeutung: Selbst in seiner profansten Form ist Tanz nie L'art pour l'art, sondern dient der Erhaltung der Harmonie zwischen *sekala* und *niskala,* der sichtbaren und der transzendentalen Welt.

Tänze besänftigen die Dämonen, erfreuen die Götter – und die Touristen. Diesen werden allerdings stark gekürzte Fassungen gezeigt, denn so eindrücklich die tradierten Tänze sind, sie würden in Originallänge ein unkundiges Publikum in Urlaubslaune schnell ermüden. So manche Darbietung, die Hotelgästen während des abendlichen Büfetts präsentiert wird, wirkt auf Kenner leer und seelenlos, ja beinahe maschinell, es fehle, so sagt man, das notwendige *taksu,* die göttliche Inspiration.

Wie auch die Gamelan-Musik, für die erst im 20. Jahrhundert Europäer wie Walter Spies und der Musikologe und Komponist Colin McPhee Notensysteme entwickelten, werden die Tänze traditionell ohne Notation überliefert. Man lernt zunächst durch Zuschauen und Nachahmen, später greifen Lehrer korrigierend ein. Schon Kleinkinder trainieren die Grundpositionen, die charakteristischen, oft ruckartigen Bewegungen von Händen und Kopf und das signifikante Augenrollen. Schulkinder erlernen dann nicht etwa das Tanzen allgemein, sondern üben stets einen bestimmten, exakt choreografierten Tanz, Mädchen beispielsweise den *legong keraton*, Jungen den *baris tunggal* (einen dynamischen Solotanz, der sich aus dem zeremoniellen *baris gede* entwickelt hat), bis sie die komplexen Bewegungsabläufe und die mimische Darstellung perfekt beherrschen. Die einzelnen Bewegungen tragen anschauliche Namen, eine bestimmte Kopfdrehung etwa ist der »Affe, der nach den Früchten im Baum schaut«.

Nur bei den von Männern dargebotenen Tänzen existiert eine gewisse Improvisationsfreiheit, die Tänze der Frauen lassen nicht den geringsten Gestaltungsspielraum. Zwar kennt man auf Bali berühmte, ja geradezu legendäre Tänzerinnen und Tänzer, doch spielt im balinesischen Tanzdrama, anders als in unserem Gegenwartstheater, individuelle Selbstverwirklichung keine Rolle. Auch liegt der Darstellung keine intellektuelle Analyse zugrunde, sondern Einfühlung und Erleben, es geht schlicht um das Sein. Ziel jedes Darstellers ist es, mit seiner Figur völlig zu verschmelzen, keine Geschichte darzustellen, sondern ein reales Drama im Moment zu erleben.

Finden Sie selbst heraus, was Sie am meisten fasziniert: der *jauk*, ein virtuoser Maskentanz, bei dem furchterregende Dämonen dargestellt werden, oder die verschiedenen Formen des *topeng*, Tanzdramen, die durch die Improvisationen der Diener- und Clownsfiguren überaus komisch sein können. Aufgeführt wird der *topeng* je nach Truppe von vier, fünf, gelegentlich zehn oder gar fünfzehn kostümierten Schauspielern in wechselnden Charaktermasken. Wie zu Zeiten Shakespeares in England dürfen keine Frauen mitwirken, Jungs vor dem Stimmbruch übernehmen die entsprechenden Rollen. Das im 14. Jahrhundert entstandene höfische *gambuh,* das in seiner strengen Stilisierung an das japanische Nô-Theater erinnert, gilt als die älteste Theaterform Balis und als Prototyp aller Tänze, wird aber heutzutage leider nur noch selten gezeigt. Auf ganz andere Weise eindrücklich – und für Uneingeweihte wesentlich leichter zu verstehen – wirkt der *baris*, der die widersprüchlichen Gedanken und Gefühle eines Kriegers vor der Schlacht zum Ausdruck bringt.

Sein weibliches Gegenstück und der anmutigste (in den Augen vor allem der männlichen Touristen auch fotogenste) aller balinesischen Tänze ist der graziöse *legong*, der sich aus dem *sanghyang dedari*, den junge Mädchen in Trance tanzen, entwickelt hat und den traditionell nur besonders zierliche, makellos hübsche Mädchen vor der ersten Menstruation aufführen dürfen – heute nimmt man das aber offenbar nicht mehr so genau, ich habe auch erwachsene Frauen tanzen sehen. Jeder Augenaufschlag ist festgelegt, jeder flüchtige Seitenblick und jede Kopfbewegung, die keineswegs ein einfaches Wiegen ist, denn der Mittelpunkt der Drehung liegt im Zentrum des Gesichtes. Sämtliche Nuancen des Gesichtsausdrucks sind vorgegeben, alle Arm- und Finger-haltungen wurden jahrelang einstudiert.

Am berühmtesten ist der in den Fürstenpalästen entstandene *legong keraton*. Die *condong*, eine Hofdame, führt die Zuschauer in die Erzählung ein, dann überreicht sie den Darstellerinnen des Königs und der Prinzessin ihre Fächer und verlässt die Bühne. Die beiden *legong* tragen identische, straff gebundene Kostüme aus glänzendem Goldbrokat sowie goldene Kronen, ihre Haare sind mit Blumen ge-schmückt, die Gesichter so intensiv geschminkt, dass sie fast puppenhaft wirken. Mal stellen sie zwei verschiedene Personen dar, mal stehen sie sich spiegelbildlich gegenüber, mal tanzen sie synchron und stellen so das Doppelbild einer ein-zigen Person dar – es ist also nicht ganz leicht, der Hand-lung zu folgen. Letztlich spielt diese ohnehin eine margi-nale Rolle, im Vordergrund stehen die Schönheit und technische Perfektion der beinahe millimetergenau kontrol-lierten Bewegungen.

Erzählt wird die Geschichte der Prinzessin Rangkesari, die sich im Wald verlaufen hat. Dort trifft sie der König von Lasem und nimmt sie mit in seinen Palast, um sie zu heiraten. Sie weist ihn zurück und drängt ihn, sie freizulassen, nur so könne ein Krieg zwischen den Nachbarreichen verhindert werden, denn ihr Bruder sei mit seinen Soldaten bereits unterwegs, um sie zu befreien. Doch der König lehnt ab und zieht in die Schlacht. Auf dem Weg begegnet er der *condong* in Gestalt einer Krähe, doch auch dieses böse Omen hält ihn nicht auf, er stürzt sich in den Kampf (der nicht dargestellt wird) und stirbt.

Mein absoluter Lieblingstanz ist indes der *barong*, allein schon wegen seines Titelhelden, der mein kindliches Gemüt immer wieder neu entzückt: eines vierbeinigen Fabeltiers, gespielt von zwei Männern, das mit seinem Fell, seinen vorquellenden runden Augen und dem langen, aus Menschenhaar gefertigten Bart – dem Sitz magischer Kräfte – wie eine Mischung aus chinesischem Drachen, majestätischem Löwen und zottigem Hund aussieht. In einer Art Prolog wird dieser Barong, der das Gute repräsentiert, dem Publikum vorgestellt, dann tanzen ein oder zwei Mädchen den *legong*, erst danach beginnt die eigentliche, nicht ganz unkomplizierte Geschichte: Prinz Sadewa soll von seiner Mutter, der Königin, der Todesgöttin Batari Durga geopfert werden. Damit sie nicht doch noch ihre Meinung ändern kann, wird die Königin verhext, und tatsächlich wird Sadewa vom Premierminister zum Friedhof gebracht, doch dort weigert sich dieser, den Prinzen, den er wie einen eigenen Sohn liebt, zu opfern, und wird ebenfalls von einer Hexe verflucht – nun bindet er den Prinzen an einem Baum vor dem Haus der Todesgöttin fest. Doch in Gestalt eines Priesters erscheint der Gott Shiva und macht Sadewa unsterblich. Batari Durga gibt sich geschlagen und bittet Sadewa darum, sie zu töten, damit sie erlöst werde und in den Himmel komme. Als Batari Durgas Schülerin Kaleka das Gleiche fordert, weigert sich Sadewa. Kaleka verwandelt sich erst in einen wilden Eber, dann in einen riesigen Vogel und schließlich in die mächtige Rangda, eine Hexe mit langen, spitzen Fangzähnen und einer noch längeren roten Flammenzunge, mit hässlichen Hängebrüsten und Fingernägeln wie Säbel, um ihren Nacken winden sich Eingeweide. Sadewa nimmt die Gestalt des Barong an, um Rangda zu bekämpfen, doch die Kontrahenten erweisen sich als gleich stark. Nun ruft Barong seine Anhänger zu Hilfe, die mit ihren *kris*, mit magischer Kraft aufgeladenen Dolchen, Rangda angreifen. Die verhext die Männer mithilfe eines magischen weißen Tuchs, und nun richten sie in Ekstase die Dolche gegen sich selbst und wälzen sich in schrecklichen Zuckungen auf dem Boden. Doch Barong hat mit einem Zauberspruch dafür gesorgt, dass sie sich nicht verwunden können. Tatsächlich stehen die *kris*-Tänzer unter Trance und sind dadurch vor Stichverletzungen geschützt – müssen dafür aber ganz bestimmte Voraussetzungen erfüllen: Beispielsweise dürfen sie in der zurückliegenden Woche keinen Toten berührt haben, falls doch, gelten sie als unrein, der Zauber wirkt nicht und sie können sich mit dem *kris* etwas antun. Irgendwann ziehen sich alle Beteiligten zurück, und so endet die Schlacht zwischen weißer und schwarzer Magie, der altbekannte und immerwährende Kampf zwischen Gut und Böse, anders als in westlichen Dramen und Hollywoodfilmen, nämlich so, wie es auf Bali eben sein muss: unentschieden.

Ein Tempelpriester besprengt die Darsteller mit Weihwasser und holt sie so aus ihrem Trancezustand zurück, Opfergaben besänftigen die bösen Geister. Die Masken und Kostüme des Barong und der Rangda werden zurück in ihre

Tempelschreine im Totentempel *pura dalem* gebracht, damit sie sich dort bis zum nächsten Tanz wieder mit magischen Kräften aufladen. Das Gleichgewicht zwischen den Kräften ist neu ausbalanciert, die allumfassende kosmische Harmonie wiederhergestellt.

Absolut sehenswert ist auch eine ganz andere Theaterform: *wayang kulit*, das Schattentheater, dessen Handlung meist auf Episoden aus dem Ramayana und dem Mahabharata basiert. Es gibt speziell auf die Bedürfnisse der Touristen zugeschnittene Vorführungen, doch lohnt wegen der ganz anderen Atmosphäre der Besuch eines »echten« Spiels, auch wenn Sie wahrscheinlich nur einen kleinen Teil dieser vielstündigen Aufführung sehen wollen: Sie hat eine rituelle Funktion, wird ausschließlich im Rahmen von Festen und Zeremonien gezeigt und dauert von der Abenddämmerung bis zum Sonnenaufgang.

Die zweidimensionalen, zwischen 25 und 90 Zentimeter großen Figuren werden aus dünnem, hartgetrocknetem Kuhleder geschnitten, kunstvoll perforiert und sogar bemalt und an einem Haltestab und Spielstäben aus Büffelhorn befestigt. Mindestens hundert verschiedene Charaktere gehören zu einem vollständigen Set: edle Helden mit fein geschnittenen, spitznasigen Gesichtern und mandelförmigen Augen sowie dickbauchige Dämonen mit ihren typischen Knollennasen, Glotzaugen, wulstigen Lippen und schrecklichen Hauern. Das Licht einer (Kokosnuss-)Öllampe wirft die Schatten der Figuren auf einen etwa zwei Meter hohen und fünf Meter breiten Projektionsschirm, einen einfachen, mit weißem Stoff bespannten Rahmen. Am Boden liegen zwei frisch geschlagene Bananenstämme, die dem Puppenspieler als Halterung für die Figuren dienen – die Guten zur Rechten, zur Linken die Schlechten. Dieser *dalang* führt alle

Puppen und leiht ihnen ihre unterschiedlichen Stimmen. Je nach Status der Figur spricht er höfisch-javanisches *kawi*, Balinesisch mit seinen differenzierten Sprachebenen oder modernes Bahasa Indonesia. Man kann sich leicht vorstellen, welche Konzentration und Gedächtnisleistung dies angesichts einer Aufführungsdauer von zehn oder mehr Stunden bedeutet, zudem ist aber auch sein Improvisationstalent gefragt: Je nach Publikum integriert ein guter Geschichtenerzähler beißend komische Einlagen oder tiefgründige philosophische Dispute, nimmt Bezug auf lokale Gegebenheiten oder spielt auf aktuelle Ereignisse an. Ein meisterhafter *dalang* ist also nicht nur Puppenspieler, Stimmenimitator und Regisseur zugleich, sondern zudem auch noch poetischer Dichter, humoriger Comedian und spitzzüngiger Politkabarettist, quasi Peter Handke, Mario Barth und Dieter Hildebrandt in Personalunion. Und da er überdies mithilfe des *cempala*, eines zwischen die Zehen geklemmten Holzhämmerchens, das Gamelan-Orchester hinter sich dirigieren muss, erfordert es eine mehrjährige Ausbildung und eine lange Praxis, bis er sein Metier beherrscht. Dann aber gilt er als hoch angesehene Persönlichkeit, im Rang vergleichbar mit einem Priester – schließlich stellt auch er durch seine Kunst eine Verbindung zur unsichtbaren Welt her. Auf Bali nimmt also niemand die Wäsche von der Leine, wenn die Komödianten kommen …

Selbst wenn Sie sich weder für Maskentänze noch für Schattenspiel erwärmen, werden Sie unweigerlich Bekanntschaft mit dem Gamelan machen. Für westlich sozialisierte Ohren gewöhnungsbedürftig, ist diese traditionelle Musik auf Bali so allgegenwärtig wie der Nelkengeruch der süßlichen *kretek*-Zigaretten. Dass sie so fremdartig klingt, liegt an den ungewohnten Intervallen, auf denen die Tonleitern basieren: Die seit dem 8. Jahrhundert bekannte *slendro*-Tonleiter besteht nicht aus zwölf Tönen, wie die bei uns gebräuchliche, sondern nur aus fünf und wird vor allem für heitere Stücke benutzt. Ernste Szenen begleiten Orchester, die im noch älteren *pelog* gestimmt sind, einem siebenstufigen System mit ungleichen Tonschritten: Beispielsweise entspricht der Abstand zwischen dem fünften und sechsten Ton in etwa demjenigen zwischen G und gis, der zwischen dem siebten und achten Ton hingegen ist fast so groß wie der zwischen A und dem hohen C. Walter Spies unterschied je nach Tonlage und Instrumentierung zwei Dutzend Kategorien von Gamelan, die sich fast alle aus rhythmisierenden Trommeln (*kendang*), melodieführenden Metallofonen (*gender*), Instrumenten, die die Melodie umspielen – wie kurztönenden Metallofonen (*saron*) und Xylofonen (*gambang*) – sowie aus verschiedenen Gongs und Zymbeln zusammensetzen. Zudem kennt man, etwa beim *gamelan gambuh*, auch Orchester mit Bambusflöten (*suling*) und Streichlauten (*rebab*).

Insgesamt soll es auf Bali um die 5000 Tanz- und Gamelan-Ensembles geben, von denen nur ein paar wenige ausschließlich für Touristen aktiv sind. Tänze werden als obligater Bestandteil eines jeden Tempelfestes angesehen, wichtige Zeremonien ohne Tanz und Musik kann man sich kaum vorstellen. Und auch Ihr Bali-Urlaub ist ohne den Besuch wenigstens einer Aufführung – frei nach Loriot – denkbar, aber sinnlos.

Seelenheil auf Vorbestellung

Pengosekan ist ein kleines Dorf wenige Fahrminuten südlich von Ubud. Man findet dort begabte Maler und das
sehenswerte Agung Rai Museum of Art, von dem, analog
zum New Yorker MOMA, stets als ARMA die Rede ist.
Der bekannteste Dorfbewohner war lange Zeit ein Python,
der angeblich nach wie vor im *pura dalem* haust, doch vor
einigen Jahren hat ihm ein alter Mann den Rang abgelau-
fen: Ketut Liyer betreibt mit seiner Familie ein Homestay
und verkauft selbst gemalte Bilder, vor allem aber arbeitet
er als Heiler, Wahrsager und Lebensberater. Er ist sicher
nicht der angesehenste *balian* auf Bali, seit einigen Jahren
aber der wohl weltweit populärste Balinese überhaupt. Während die Konfrontation mit einem ausgewachsenen Python
tödlich enden kann, ist eine Begegnung mit Ketut Liyer so
harmlos wie vergnüglich – wenn auch nicht viel mehr.

Seinen späten Ruhm verdankt er einem Buch und einem
Hollywoodstreifen. Elizabeth Gilberts 2006 erschienener
autobiografischer Roman »Eat, Pray, Love« stand fast vier
Jahre lang auf der Bestsellerliste der *New York Times* und hat

sich in dreißig Sprachen mehr als zehn Millionen Mal verkauft. Die Hauptfigur Liz Gilbert bricht aus einer unglücklichen Ehe aus, genießt in Italien das kohlenhydratreiche Essen, widmet sich in einem indischen Ashram dem Gebet und findet auf Bali schließlich die Liebe ihres Lebens. Der Boom des Glückstourismus, den Gilberts Buch auf Bali ausgelöst hatte, wurde noch verstärkt durch die gleichnamige Verfilmung mit Julia Roberts und Javier Bardem, die 2010 weltweit in die Kinos kam. Seither schlürfen dort noch mehr Touristinnen mit dem Willen zum organisch-korrekten Amüsement überteuerte Detox-Smoothies bei Smooth Jazz, während sie spirituelle Erfahrungen, sich selbst und ihren persönlichen Javier Bardem suchen. Um dann, weil der sich nicht blicken lässt, Yoga- und Meditationskurse zu belegen oder sich das Chakra und das Gedärm gleichzeitig reinigen zu lassen. Dass der eine oder andere enervierte Einwohner im gelobten Land des spirituellen Tourismus ein T-Shirt mit der dezenten, aber unmissverständlichen Aufschrift »Eat, Pay, Leave« trägt, muss einem in all dem Eso-Öko-Trubel nicht auffallen. Julia Roberts wird's ohnehin nicht kümmern.

Auf deren Spuren ziehen sinnsuchende Frauen aller Altersklassen durch die Originalschauplätze des kitschigen Streifens: die Reisterrassen von Jatiluwih, den kleinen überfüllten Strand von Padang Padang in Pecatu im Westen der Halbinsel Bukit Badung, den Markt von Ubud, den nahen Affenwald, das luxuriöse »Panchoran Retreat« in der Jalan Nyuh Gading, das seit 2012 dem Virgin-Besitzer Richard Branson gehört, und last, but not least das traditionelle balinesische Haus Ketut Liyers. Der Medizinmann selbst stand jedoch nicht vor der Kamera; er lag während der Dreharbeiten im Krankenhaus und musste vom indonesischen Schauspieler Hadi Subiyanto dargestellt werden.

Seit Langem erfreut sich Liyer wieder bester Gesundheit und zählt mittlerweile angeblich 99 Jahre, sein wahres Alter bleibt jedoch ein Geheimnis. 95 sei er, sagt mir ein Angestellter, 89 Jahre bietet ein anderer. Liyers Sohn, der pensionierte Mittelschullehrer I Nyoman Lantra, müsste es am besten wissen, doch er schweigt lächelnd und kümmert sich ums Abkassieren. Er hat gut zu tun. Touristen und vor allem Touristinnen aus aller Welt strömen nach Pengosekan, um sich von seinem Vater aus der Hand lesen zu lassen. Sie bezahlen immerhin 250 000 Rupiah für eine viertelstündige Konsultation, etwa 20 Dollar. So signalisiert nicht nur ein Dutzend Singvogelkäfige, die an den verzierten Dachrändern hängen, den Wohlstand der Familie. Im rückwärtigen Teil des dank blühender Sträucher und Orchideen überaus pittoresken Anwesens hat man vor Kurzem ein dreistöckiges Gästehaus mit Swimmingpool, Restaurant, Yoga- und Massageräumen errichtet und damit für die Zukunft nach dem unvermeidbaren Ableben des greisen Meisters vorgesorgt.

Mit einem Plastiktäfelchen in der Hand, auf dem eine mit Filzstift gekritzelte Drei steht, warte ich am frühen Vormittag, bis ich an der Reihe bin. Der Strom der Besucher ist gut organisiert, man verkauft gekühlte Getränke, auch leidlich saubere Toiletten stehen zur Verfügung. Immerhin gibt es noch keine elektronische Nummernanzeige, die Ziffer des aktuellen Patienten hängt der Sohn an eine der Säulen des *bale*, in dem Ketut Liyer im Schneidersitz empfängt, gekleidet in einen Sarong und ein Werbe-T-Shirt, auf dem Kopf den traditionellen *udeng*. Als ich zu ihm darf, setzte ich mich neben ihn auf eine Bastmatte. Er sieht mich lange und freundlich an, fragt nach meinem Namen, nach meinem Beruf, natürlich nach meiner Frau und meinen Kindern. Dass ich unverheiratet bin, kann er kaum fassen, kurz verschwindet sein bis auf zwei Stummel zahnloses Lächeln. »Not good«, ermahnt er mich, »not good!«

Er betrachtet und befühlt mit knochigen Fingern meine Ohren, Augenbrauen, Lippen, meine Nase und zuletzt ausgiebig das Grübchen in meinem Kinn. Alle Gesichtspartien sagen offenbar dasselbe: »You lucky. You smart. You successful. You influential. You good with your work. You many friends.« Wer hört das nicht gerne? Offenbar hat Ketut Liyer schon wieder vergessen, dass ich verachtenswerterweise Single bin. Dann geht es ans *palmreading*, ans Handlesen, für das er berühmt ist. Über ein wenig Erfahrung mit Chirologie und Chiromantie verfüge ich, einmal hat ein Schweizer Zirkusclown aus meiner Hand recht treffend Charakter und Anlagen gelesen, ein anderes Mal eine bulgarische Opernsängerin die Zukunft, sehr detailliert übrigens und, wie ich heute weiß, absolut zutreffend. Ketut Liyer betrachtet lange meine linke Hand und deutet auf die Herzlinie, nach einigen spannungsgeladenen Sekunden sagt er: »You lucky. You smart. You successful. You influential.« Er zeigt auf die Kopflinie: »You lucky. You smart. You successful. You influential.« Auch die Lebenslinie ist sich mit ihren Nachbarn einig und verrät nichts Neues. Der weise Mann untersucht meinen Rücken, meine Knie, meine Beine. Muss ich die Diagnose erwähnen?

Die Viertelstunde mit Ketut Liyer ist unterhaltsam und seine gute Laune ansteckend. Er ist tatsächlich ein Medizinmann in neunter Generation und hat von seinen Vorfahren etliche heilige Bücher geerbt, Bambuskladden, in denen auf schmalen Streifen aus Blättern der Lontarpalme die Heilkunst vieler Generationen eingeritzt ist. Noch vor Kurzem haben ihn die Dorfbewohner konsultiert, wenn sie krank waren oder sich um die Zukunft ihrer Kinder sorgten. Inzwischen aber hat er es sich zur Aufgabe gemacht, die

Schlange stehenden Ratsuchenden aus Japan und Südafrika, Deutschland, China und Mexiko mit netten Worten und seine Familie mit der finanziellen Auswertung seines Ruhms zu beglücken. Wer könnte ihm das verdenken? Überdies wirkt er leicht dement. Zumindest hatte er die Engländerin, die vor mir an der Reihe war, innerhalb einer Viertelstunde fünfmal nach ihrem Namen gefragt und immer wieder mit dem gleichen Erstaunen reagiert. Überflüssig zu erwähnen, dass auch sie »lucky« und »smart«, »successful« und »influential« war. Ach ja, auch »pretty«, das sagt er mir allerdings nicht. Dafür höre ich ein »rich«. Was nicht ist, kann noch werden, ich will seiner Prophezeiung glauben – immerhin haben Sie dieses Buch gekauft.

Längst gibt es Pauschalreisen, die Heiler- und Wahrsagerbesuche inkludieren, spirituelle Erfahrungen sind nach Reservierung auf Abruf erhältlich, das Seelenheil ist bestens organisiert und käuflich. 8000 Heiler unterschiedlicher Ausprägung sollen auf Bali hilfreich tätig sein: Ein *balian tulang* zum Beispiel ist auf die Behandlung von Knochenbrüchen spezialisiert, ein *balian uwut* verfügt über besondere Massagetechniken, ein *balian manak* hilft bei der Geburt. Rund die Hälfte von ihnen aber sind *balian usada* – übrigens ausschließlich Männer. Ein solcher »lesender Heiler« hat seine Kunst über viele Jahre von einem älteren Verwandten, meist dem Vater oder einem Onkel, erlernt und verfügt über wertvolle *lontar* – die er nicht unbedingt lesen können muss, allein der Besitz dieser heiligen Schriften verleiht Heilkraft.

Zudem gibt es eine ganze Reihe von *balian*, deren Kunst nicht im medizinischen Bereich liegt, zumindest nicht gemäß unserer westlichen Definition. Ein *balian kebal* kann dank seiner mystischen Kräfte Amulette, Ringe und andere Gegenstände magisch aufladen, ein *balian taksu* (oft eine Frau) oder ein *balian taus* (meist ein Mann) als Medium im

Trancezustand helfen, mit einem bestimmten Gott oder Geist zu kommunizieren. Aber auch – wie ein auf Handlesen und Vorhersagen spezialisierter *balian tenung* – mit einem Gegenzauber den Fluch eines Schwarzmagiers oder einer Hexe, eines *leyak*, aufheben: *Pengijeng awak* nennt man das dann auf Balinesisch, »den Körper beschützen«. Nach dem Volksglauben vermag solch ein *leyak* Missernten, Krankheiten und sogar den Tod zu verursachen und überdies nachts seine Gestalt zu verändern. Er kann als blaues Flämmchen über dem Reisfeld erscheinen oder sich beispielsweise in ein Schwein, einen Affen oder einen Vogel verwandeln. Nun denn, auch in unserem Kulturkreis sind ja Jungs, die bei Mondschein als Werwölfe oder Vampire auf die Piste gehen, wieder en vogue und schlagen romantisch veranlagte junge Kinogängerinnen in ihren Bann. *Leyaks* sind allerdings keineswegs auf Techtelmechtel aus, sondern schlicht furchterregend.

Kurz denke ich darüber nach, einen *balian kebal* um einen Liebeszauber zu bitten, aber erstens trage ich nicht das dafür notwendige Haar oder ein anderes persönliche Relikt meines Opfers bei mir, und zweitens ist es doch so: Wenn es nicht funktioniert, wovon ich als aufgeklärter Europäer ausgehen möchte, ist der ganze Aufwand sinnlos. Sollte der Zauber aber wirksam sein, finde ich das, gelinde gesagt, unfair gegenüber der begehrten Person. Allein die Vorstellung, meine Zahnärztin könnte bei ihrem nächsten Pauschalurlaub einen *balian* aufsuchen, um mich künftig als Sexsklaven an sich zu binden, hält mich als Kantianer davon ab, jemandem so etwas anzutun.

Dass neben der sichtbaren Welt, *sekala* genannt, eine unsichtbare existiert, *niskala*, will ich indes nicht bezweifeln und bin neugierig auf die tradierte Heilkunst der Balinesen. Damit ich mich nicht auf die langwierige und möglicherweise erfolglose Suche nach dem Guru meines Vertrauens begeben muss, bitte ich Wayan um Rat. Seit Jahren regelt und organsiert er vieles für mich auf Bali und rühmt sich dabei seiner guten Kontakte zu Behörden auf eine Art und Weise, dass sich mir beinahe der Eindruck aufdrängt, es gebe auch hier so etwas wie Bestechlichkeit und Korruption. Was freilich ganz und gar undenkbar ist. Natürlich hilft auch Wayan nicht nur im Hinblick auf ein gutes Karma, sondern ist an den meisten Geschäften, die er für mich einfädelt, beteiligt. Benötigt man auf Bali einen Handwerker, vermittelt der freundliche Nachbar scheinbar selbstlos einen Bekannten, dessen Schwager einen Cousin besitzt, der die gewünschte Reparatur sofort ausführen kann (die dann freilich kurzfristig auf übermorgen verschoben werden muss), und alle vier profitieren davon, selbst bei einer moderaten Rechnung.

Ohne zu zögern, empfiehlt mir Wayan den Heiler Tjokorda Gde Rai. Ob er einen Termin für mich vereinbaren könne? Nicht nötig, wiegelt er ab: »We just go.« Gegen ein angemessenes Entgelt chauffiert mich Wayan am nächsten Morgen nach Singapadu Tengah, einige Kilometer südlich von Ubuds Zentrum. Wie es sein Name anzeigt, gehört Tjokorda Gde Rai der Adelskaste der *satria* an: Er ist ein Enkel Tjokorda Gde Sukawatis, des 1919 verstorbenen letzten Königs von Ubud. Vor allem aber gilt der agile, wesentlich jünger wirkende 84-Jährige als einer der renommiertesten Heiler der Insel, mit Schülern in aller Welt, das habe ich am Vorabend im Internet erfahren. Groß, asketisch dünn, die schwarzgrauen Haare zu einem kleinen Zopf zusammengebunden, empfängt er mich in einem der Pavillons seines weitläufigen Anwesens »Puri Negari«. Er sitzt auf einem niedrigen Stuhl, ich nehme zu seinen Füßen Platz. Etwa zehn Minuten plaudern wir auf Englisch über eher Belangloses, dabei beobachtet er genau meine Gestik, meine Mimik. Er selbst wirkt entspannt und konzentriert gleichermaßen, ist von unglaublicher Präsenz, charmant, amüsant. Seine Augen blitzen, schwerlich kann ich mich seinem Charisma entziehen. Wäre er ein Schauspieler, hätte er Starqualitäten. Tjokorda Gde Rai fordert mich auf, mich mit ausgestreckten Beinen hinzusetzen und den Rücken an seine Knie zu lehnen. Behutsam betastet er meinen Kopf, das Gesicht, die Lymphknoten am Hals, etwas überraschend presst er seine Zeigefinger in meine Ohren. Was er schnell und klar über meine psychische Disposition sagt, über Ängste und Sehnsüchte, trifft zweifellos zu, aber vielleicht, so denke ich skeptisch, ist es nicht dem geschuldet, was er ertastet, sondern den Eindrücken aus unserem Small Talk. Wie dem auch sei, es ist differenziert, keineswegs wohlgefällig und Lichtjahre entfernt von jenem banalen Mantra, das ich tags zuvor gehört hatte. Tjokorda Gde Rai benennt konkret ein Trauma, unter dem ich leide. Dann soll ich mich auf den Rücken legen. »You must lose weight«, ermahnt er mich, genau wie mein Spiegelbild jeden Morgen. Für diese Erkenntnis bedarf es nun wahrhaft keines profunden medizinischen Wissens, geschweige denn magischer Fähigkeiten.

Doch nun drückt er einen einfachen Holzstab auf meine Zehen und in deren Zwischenräume. Jede Stelle repräsentiere ein bestimmtes Körperteil oder Organ, erklärt er mir; ganz ähnlich kenne ich das von der Fußreflexzonenmassage. Das Wissen darüber besitzt er wie Ketut Liyer aus heiligen *lontar*, die er mir später zeigen wird, obschon ich natürlich kein Wort Sanskrit lesen kann. Nach und nach überprüft er so die Funktion von Herz und Lunge, des Rückgrats, einzelner Gelenke, von Leber, Galle und Niere – bis ich plötzlich vor Schmerz zusammenzucke. Wie schnell und präzise die Diagnose erfolgt, ist verblüffend, nicht aber ihr Inhalt, denn der balinesische Schamane und mein deutscher Hausarzt sind sich da völlig einig. Was dann folgt, erstaunt mich bis heute: Tjokorda Gde Rai streicht einige Male sanft über meine Beine, mein Becken, meinen Bauch, meine Brust. Dann stellt er sich so vor mich hin, dass seine nackten Zehen die meinen berühren, und murmelt minutenlang etwas, das wie ein Gebet klingt, eine Beschwörung, ein Mantra; dazu vollzieht er verschiedene *mudra*, symbolische Handbewegungen. Ich bin hin- und hergerissen zwischen der Neugier, ihn dabei genau zu beobachten, und dem Gefühl, ich sollte die Augen schließen und alles geschehen lassen. Nach einigen Minuten hält er inne und drückt seinen Holzstab abermals auf jene vorhin so schmerzhafte Stelle. Ich spüre nicht das Geringste. Zufrieden registriert er mein Staunen und erteilt mir ein paar grundsätzliche Ratschläge zur Lebensführung, dann bin ich – nach etwas mehr als einer halben Stunde – als Patient entlassen, werde aber ausdrücklich aufgefordert, noch zu bleiben. Wie bei allen *balian* ist auch die Behandlung bei Tjokorda Gde Rai kein intimer, sondern ein öffentlicher Vorgang, Sprech- und Wartezimmer sind eins.

Nach mir ist eine junge Schwedin an der Reihe, Mitte zwanzig vielleicht, apart, um nicht zu sagen hübsch, aber unübersehbar unglücklich; sie wirkt geradezu verstört. Tjokorda Gde Rai befühlt ihr Gesicht, und als er eine bestimmte Stelle ohne Druck berührt, stürzt ein Tränenschwall aus ihren Augen. Sie hyperventiliert, es sieht aus, als sei sie kurz vorm Kollabieren. Er betastet andere Stellen, sieht sie traurig an und sagt ihr auf den Kopf zu, dass sie kürzlich ein ungeborenes Kind verloren habe. Sie bejaht und ergänzt stockend, zuvor habe sie ihr Freund verlassen. »I know, your heart broken.« Lange hält er sie im Arm. Es folgt auch bei ihr die Untersuchung der Zehen, dann nimmt Tjokorda

Gde Rai einen Filzschreiber und beginnt, ein tantrisches Symbol auf ihr Dekolleté zu zeichnen. Sein Mobiltelefon klingelt, er führt ein kurzes Gespräch, scheint aber dennoch völlig auf die junge Frau fokussiert zu sein und malt währenddessen weiter. Die Schwedin sieht ihn hilflos wie ein aus dem Nest gefallenes Vögelchen an. Wieder weint sie. »Do I have a new heart, now?«, fragt sie naiv. Natürlich habe er ihr kein neues Herz eingepflanzt, erklärt er behutsam, aber er habe den Schmerz aus ihrem Herzen vertrieben, es sei nun leer und bereit für Neues. Sie solle die Zeichnung auf ihrer Brust jeden Tag im Spiegel betrachten, dann werde sie das spüren. Sie scheint sich im Unklaren, ob die Behandlung damit zu Ende ist, unschlüssig, ob sie nun Geld bezahlen müsse, und unsicher, wie viel. Bevor sie fragen kann, erklärt Tjokorda Gde Rai ganz unverblümt: Habe sie kein Geld, sei das kein Problem, dann sei sie ihm nichts schuldig. Besitze sie aber welches, solle sie 200 000 oder 250 000 Rupiah spenden.

Die seriösen Heiler auf Bali sehen ihre Tätigkeit als Verpflichtung, nicht als Einnahmequelle und besitzen daher keine fixen Tarife. Einheimische bringen selten Geld, sondern Körbe mit Opfergaben wie Blumen und Lebensmittel. Die Schwedin wühlt fahrig in ihrer Tasche, die in der gleichen Unordnung ist wie ihr Leben, findet endlich ein paar Scheine und steckt sie in ein Körbchen – nie würde man einem *balian* das Geld in die Hand geben. Dann verabschiedet sie sich und wirkt tatsächlich für einen Augenblick beruhigt, beinahe zuversichtlich. »This girl has a lot of problems«, sagt Tjokorda Gde Rai leise, als sie gegangen ist, »many problems«, und er wirkt auf so ehrliche Weise betroffen und mitfühlend, dass ich in diesem Moment überzeugt bin, niemand verstehe andere besser als dieser, den Menschen so achtsam und liebevoll zugewandte, charismatische

Weise. Auch ich fühle mich in seiner Nähe geborgen und irgendwie glücklich.

Getragen von dieser Stimmung, breche ich auf. Auf dem Weg zum Auto sehe ich noch einmal die Schwedin, die innegehalten hat, als versuche sie, das Erfahrene zu begreifen. Sie fragt meinen Begleiter Wayan, ob sie denn Tjokorda Gde Rai richtig verstanden habe, faselt ängstlich etwas Wirres von Magie, von schwarzer Magie. Angelesene Vorurteile schwirren durch ihren Kopf. Doch als Wayan sie am nächsten Tag zufällig auf der Straße trifft, ist sie kaum wiederzuerkennen. Er berichtet mir, sie habe gelöst gewirkt, befreit, heiter und stark, wie ein völlig anderer Mensch. Hat Tjokorda Gde Rai sie etwa geheilt? Gar durch Zauber und Magie böse Dämonen vertrieben, die Götter um Beistand ersucht? Vielleicht. Vielleicht hat er aber auch einfach Blockaden gelöst. Dreh dich um, schau in die Sonne, sieh nach vorn und lass dich nicht lähmen durch die Vergangenheit. Schaff eine Balance zwischen dem Schmerz und der Freude, finde wieder ein Gleichgewicht zwischen dir und der Welt. Vielleicht verfügt Tjokorda Gde Rai über Kräfte und Fähigkeiten, die unsere Schulmedizin nicht wahrhaben will. Vielleicht ist er auch nur ein lebenskluger, großherziger Mensch, der um die Zusammenhänge von Physis und Psyche weiß. Schon Jahrhunderte bevor wir in der westlichen Welt das Konzept einer ganzheitlichen Medizin erdachten, war das auf Bali eine Selbstverständlichkeit.

Balance ist die oberste Maxime balinesischer Spiritualität. Ziel ist es nicht, das Böse zu besiegen, sondern einen Ausgleich zwischen Gut und Böse zu schaffen, denn beides bedingt sich wechselseitig in seiner Existenz wie Tag und Nacht, wie das Sichtbare und das Unsichtbare, wie der Einzelne und seine Mitwelt. Für die Balinesen ist die Ursache einer Erkrankung ebenso wie eines Unfalls oder Unglücks ein Ungleichgewicht, bei einer Krankheit auf mikrokosmischer Ebene, im Falle eines Krieges oder einer Naturkatastrophe auf makrokosmischer Ebene. Krankheit heißt, dass Körper und Seele, die materielle und die spirituelle Welt, aus dem Gleichgewicht geraten sind. Sie wird als Folge einer Disharmonie zwischen dem Betroffenen und seiner Umwelt gesehen oder aber eines Ungleichgewichts in ihm selbst.

Ob Sie also nun Burn-out-gefährdet sind oder Liebeskummer haben, fahren Sie für ein paar Wochen nach Ubud. Der Ortsname kommt von *ubad*, einem heilkräftigen Kraut, das nahe dem Fluss Campuhan wächst und schlicht »Medizin« bedeutet. Wahrscheinlich ist es egal, ob sie dort einen *balian* aufsuchen oder ganz andere Heilswege einschlagen, meinetwegen auch Essen, Beten, Lieben. Henry Miller hat natürlich recht, wenn er sagt, das Ziel eines Menschen sei niemals ein Ort, sondern ein neuer Weg, die Dinge zu sehen. In Ubud fällt das allerdings leichter als in Memmingen.

Inselträume

Vom balinesischen Bauernhof ins Dorf der Karo-Batak sind es nur wenige Schritte, und quasi um die Ecke bestatten die Toraja ihre Toten. Man kann ganz Indonesien bequem an einem Nachmittag besuchen im Taman Nusa, dem im Sommer 2013 eröffneten Museumsdorf in Banjarangkan, nordöstlich von Gianyar. Durch einen 15 Hektar großen, schön angelegten und gepflegten Park flaniert man vorbei an über sechzig Häusern aus allen Teilen des indonesischen Archipels. Einige davon sind jahrhundertealt, wurden an ihrem ursprünglichen Standort in Einzelteile zerlegt und hier wieder zusammengepuzzelt, bei den übrigen handelt es sich um originalgetreue Repliken. Das gewaltige Borobudur hat man natürlich in der Grundfläche auf überschaubare 20 mal 20 Meter verkleinern müssen, doch die Höhe der Wände und die Größe der Stupas entsprechen exakt dem Vorbild, die Reliefs wurden mit großem Aufwand detailgenau auf Java angefertigt, und so kann man bei der Begehung des Nachbaus tatsächlich glauben, man befinde sich auf der imposanten Stufenpyramide.

Auch Angehörige der verschiedenen indonesischen Ethnien hat man in den Park verfrachtet, damit sie, gekleidet in ihre jeweilige Tracht, den Wohnbauten Leben einhauchen und traditionelles Handwerk demonstrieren. Hier wartet ein spärlich bedeckter Papua auf die Hobbyfotografen, dort eine Sasak-Frau in ihrer typischen schwarzen Kleidung. Man kann Batikworkshops besuchen oder lernen, wie man *angklung*, ein traditionelles Instrument aus West-Java spielt; ein Museum präsentiert unter anderem kostbare Ikatstoffe, und wer sich zwischendurch ausruhen möchte, findet zahlreiche Verpflegungsmöglichkeiten. Das mag nach Freizeitpark klingen und nimmt zweifellos große Rücksicht auf die Bedürfnisse mancher Besuchergruppen, doch wurde das ambitionierte Projekt von den privaten Investoren mit viel Geschmack realisiert, und man bemüht sich mithilfe von kompetenten Führern und mehrsprachigen Audioguides darum, die Gäste mit profunden Informationen zu versorgen – bislang vorwiegend Einheimische, die hier sehen können, wie man auf den anderen Inseln ihres Vielvölkerstaates lebt oder gelebt hat. In mir wecken die präsentierten Indonesien-Häppchen nicht nur Erinnerungen an lange zurückliegende Reisen nach Sumatra, Sulawesi und Java, sondern die Lust auf neue Entdeckungen – auch Sie werden nach einem Besuch sicherlich von einer Reise auf Ihnen unbekannte Inseln träumen.

Bali ist nämlich ein guter Ausgangspunkt, um zumindest einen kleinen Teil der riesigen Republik Indonesien mit ihren 250 Millionen Einwohnern und mehr als dreihundert ethnischen Gruppen zu erkunden, die sich, projiziert man sie auf eine Europakarte, von Madrid bis Moskau erstreckt. Abstecher beispielsweise nach Lombok, wo es noch wesentlich ursprünglicher als auf Bali zugeht, oder die Gili-Inseln, ein Dorado für Taucher wie für Party-People, sind relativ

günstig. Und schon zwei, drei Tage bei den Toraja auf Sulawesi, das von Bali problemlos mit dem Flugzeug erreichbar
ist, ermöglichen den Blick in eine noch immer archaisch
anmutende Welt. Ebenso leicht könnte man dem Bali-
Urlaub ein paar Tage auf Java voranstellen: Borobudur und
Prambanan, die als die beiden bedeutendsten Kulturstätten
der südlichen Hemisphäre gelten, gehören zum Eindrück-
lichsten, was man auf dieser Welt sehen kann, und in der
Kraterlandschaft des Bromo wähnt man sich gar auf einem
fremden Planeten.

Wenigstens neun der neunhundert ständig bewohnten
von insgesamt 13 677 oder, je nach Zählweise, 17 508 indonesischen Inseln möchte ich Ihnen zum Abschluss kurz vorstellen. Das meiste, was für den Urlaub auf Bali gilt, ist auch
dort zu beachten, etwa, dass man kein Leitungswasser trinken sollte, doch ist zum Beispiel das Malariarisiko auf Lombok und den Gilis erheblich größer als auf Bali. Lassen Sie
sich am besten von einem Tropeninstitut beraten, ob eine
Chemoprophylaxe oder eine »Stand-by-Notfallselbstbe-
handlung« empfehlenswert ist und welche Impfungen sinnvoll sind.

Lombok

Wer den Fernsehfilm »Das Traumhotel – Zauber von Bali«
gesehen hat und sich auf die Suche nach diesem Sehnsuchts-
ort begibt, landet unversehens auf der Nachbarinsel. Die
vermeintlich balinesische Luxusherberge, die so verlockend
über den Bildschirm flimmerte, heißt in Wirklichkeit »The
Oberoi« und liegt im Nordwesten des 4725 Quadratkilometer großen Lombok, dessen Name auf Deutsch »Chili«
bedeutet. Tatsächlich könnte man an manchen lombokani-

schen Orten glauben, man befinde sich auf Bali; andere Teile der Insel indes sind trockener als die klimatisch begünstigte große Schwester, und die karge Landschaft im äußersten Süden erinnert eher an das australische Hinterland. Die Inseln haben dennoch Traumstrände, Reisterrassen, Affenwälder und mächtige Vulkane gemein und sogar ein paar Ortsnamen: Auch auf Lombok entwickelt sich das Fischerdorf Kuta allmählich zur angesagten Urlaubsdestination, wenngleich es in den Lokalen entlang der Hauptstraße wesentlich ruhiger zugeht als in den hippen Lounges des balinesischen Namensvetters. Weit mehr noch trennt die Eilande die Lombokstraße, eine tiefe Meerenge, durch die die 1868 nach Alfred Russel Wallace benannte biogeografische Trennlinie zwischen asiatischer und australischer Flora und Fauna verläuft – westlich von Lombok hat es nie Beuteltiere gegeben, östlich von Bali niemals Tiger oder Nashörner.

Wer vom hinduistischen Bali nach Lombok übersetzt, betritt einen anderen Kulturkreis, in dem knappe Bekleidung und Alkoholgenuss außerhalb der touristisch geprägten Badeorte auf Missbilligung stoßen: Hier bekennen sich 90 Prozent der Bevölkerung zum Islam, die meisten davon Sasak, wie man die Ureinwohner nennt. Ein Drittel von ihnen hängt dem *wetu-telu*-Glauben an, einer Variante des Islam, die mit animistischen und hinduistischen Vorstellungen durchsetzt und von entsprechenden Ritualen geprägt ist. Natürlich glauben sie an Allah mit Mohammed als seinem Propheten, doch beten sie nicht fünfmal täglich, wie im Islam vorgeschrieben, essen Schweinefleisch, pilgern nicht nach Mekka und fasten im Ramadan lediglich drei Tage. Alle wichtigen Angelegenheiten regelt wie auf Bali das *adat*, und auch die *wetu* (oder *waktu*) *telu* kennen eine Art Kastensystem und pflegen Übergangsriten wie die Plazentabeisetzung und die Zahnfeilung – allerdings nur bei Mädchen, pubertierende Jungs werden beschnitten. Zum Brauchturm gehört zudem eine Art Maibaumklettern, *jurakan* genannt, bei dem die Männer einen mit Fett bestrichenen, zehn Meter hohen Pfahl erklimmen müssen. Beim spektakulären Kampfspiel *perisean* schlagen die Kontrahenten mit Bambusrohren aufeinander ein, begleitet von den Klängen eines Gamelan, und im Dorf Sembalun Lawang hat sich ein vorislamischer ritueller Kampftanz, der *tandang mendet*, erhalten. Grundsätzlich werden traditionelle Musik und Tänze jedoch weit weniger gepflegt als auf Bali, obschon sich einige Hotels bemühen, die Erwartungen der von der Nachbarinsel verwöhnten Gäste durch eigens arrangierte Tanzvorführungen zu befriedigen. Auch die Auswahl an kunsthandwerklichen Gegenständen ist auf Lombok relativ bescheiden, doch werden gute Flecht- und Töpferwaren sowie gewebte Stoffe angeboten.

Der beliebteste Touristenort ist Senggigi an der Westküste, an dessen weiter Bucht noch nicht allzu überlaufene weiße Sandstrände, zahlreiche Unterkünfte und Restaurants vor allem der mittleren und gehobenen Preisklasse, Ausflugsboote, traumhafte Sonnenuntergänge und bei klarer Sicht der Blick auf Bali mit dem Gunung Agung locken. Lohnenswert ist ein Ausflug nach Cakranegara, von den Einheimischen kurz Cakra genannt, das mittlerweile nahtlos in die Provinzhauptstadt Mataram übergeht. Hier lädt der ehemalige königliche Wasserpalast Taman Mayura mit dem in einem Seerosenteich gelegenen Bale Kampung, einer ehemaligen Gerichtshalle, zum Verweilen ein. Gleich gegenüber steht der größte Hindutempel Lomboks, der 1744 errichtete Pura Meru, dessen elf-, neun- und siebenstufige *meru* Shiva, Vishnu und Brahma gewidmet sind. Älter und bedeutender ist indes der 18 Kilometer östlich gelegene

Pura Suranadi, den man im 16. Jahrhundert um eine heilige Quelle errichtet hat; in zwei Tempelbecken schwimmen bis zu eineinhalb Meter lange heilige Aale, die sich am besten mit hart gekochten Eiern anlocken lassen.

Die angeblich älteste Moschee der Insel, ein quadratischer Holzbau, der aber nur von Moslems betreten werden darf, steht im unweit der Südküste gelegenen Sasak-Dorf Rembitan, wo man auch einige *lumbung*, die für Lombok typischen strohgedeckten Reisspeicher sehen kann. Dreihundert Jahre alt ist die aus Lehm und Bambus erbaute Moschee in Bayan, dem Hauptort der *wetu-telu*-Anhänger im Norden der Insel. Sechs Kilometer südlich liegt am Fuße des 3726 hohen Gunung Rinjani, der beinahe die Hälfte der Insel einnimmt und dessen sichelförmiger, schlammgrüner Kratersee den Sasak wie auch den Hindus heilig ist, das von einem hölzernen Palisadenzaun geschützte Dorf Senaro. Erst vor einem halben Jahrhundert haben seine Bewohner die Bekanntschaft mit Besuchern aus dem Westen gemacht, und noch immer leben sie in strohgedeckten Bambushäusern mit Lehmboden. Hier ist der beste Ausgangspunkt für die Besteigung des Vulkans, die, je nach Trekkingroute, durch dichte Ur- und Nebelwälder führt und drei bis fünf Tage in Anspruch nimmt, aber auch für Wanderungen durch den 41 000 Hektar großen Taman Nasional Gunung Rinjani.

Die Gilis

Gili Air, Gili Meno und Gili Trawangan, die drei vor Lomboks Westküste gelegenen autofreien Inselchen, sind von Bangsal aus mit dem Boot zu erreichen, die Fahrt dauert zwischen 15 Minuten und einer knappen Stunde – je nach Wetter und Strömung aber auch deutlich länger.

Als schönste gilt die 100 Hektar kleine, von Palmen bewachsene Gili Air mit ihren blütenweißen Sandstränden; doch eröffnen auf der trotz der relativ vielen Einwohner ruhigen »Wasserinsel« seit ein paar Jahren immer mehr Restaurants und Resorts. Die »Salzinsel« Gili Meno, die beschaulichste der drei, die auch Unterkünfte für gehobene Ansprüche aufweist, ist etwa gleich groß und kann problemlos in zwei Stunden zu Fuß umrundet werden. Gili Trawangan, am weitesten von Lombok entfernt, ist mit 338 Hektar deutlich größer, aber auch wesentlich touristischer und eine bei Backpackern und relaxten Althippies beliebte »Partyinsel« mit Strandbars, aus deren Lautsprechern vom Sunsetcocktail bis in die frühen Morgenstunden die Beats wummern und dröhnen – so wie hier muss es vor vierzig Jahren in Kuta ausgesehen haben. In den Korallenriffen um die drei Inseln, die ausgezeichnete Tauchplätze bieten, leben mehr als 3500 verschiedene Meerestierarten, vom bunten Papageifisch bis zum meist angriffsunlustigen Riffhai, man kann Oktopussen und Mantas begegnen, Meeresschildkröten und Seepferdchen.

Sumbawa

Die Insel ist mit rund 14 000 Quadratkilometern größer als Bali und Lombok zusammen, die Zahl der Besucher macht aber lediglich einen Bruchteil derjenigen Balis aus. Das mag an der unterentwickelten touristischen Infrastruktur liegen, vielleicht aber auch daran, dass hier der Islam in einer besonders orthodoxen Form herrscht, wenngleich, anders als in der Provinz Aceh, nicht die Scharia-Gesetze angewandt werden. Lediglich das vor der Nordküste Sumbawas gelegene, größtenteils unter Naturschutz stehende Inselchen

Moyo hat sich in den letzten Jahren zum Promi-Hotspot gemausert: Ein Resort namens »Amanwana« bietet – natürlich zu entsprechenden Preisen – allen denkbaren Luxus, organisiert Wanderungen durch den Dschungel, Segeltörns und Tauchgänge. Dabei ist auch Sumbawa selbst mit seinen auf Pfählen errichteten Holzbauten, den kantigen Buchten, dem grünen Hügelland und den zerklüfteten Bergen durchaus attraktiv; wie die Nachbarinseln wird es von einer Kette erodierter Vulkankegel durchzogen. Die höchste Erhebung ist der noch 2821 Meter hohe Tambora – vor seiner bislang letzten Eruption im Jahr 1815 maß er stattlich 4300 Meter. Mit einer Explosionskraft von 170 000 Hiroshima-Bomben wurden damals Unmengen von Asche in die Atmosphäre geschleudert, was 1816 zum berühmten »Jahr ohne Sommer«, zu Ernteausfällen und Hungerkatastrophen in Europa und Nordamerika führte. Bekanntlich ist heutzutage der Individualverkehr für eine schleichende Klimaänderung verantwortlich, damals aber hat umgekehrt die katastrophale Klimaänderung den modernen Individualverkehr beeinflusst: Weil viele Pferde verhungerten oder notgeschlachtet werden mussten, machte sich Karl Freiherr Drais von Sauerbronn auf die Suche nach einem anderen Fortbewegungsmittel und erfand die Draisine. Letztlich verdanken wir dem Ausbruch des Tambora also das Fahrrad.

Komodo

Wer das nur 340 Quadratkilometer große Komodo oder seine noch kleineren Nachbaratolle Rinca und Padar besucht, will meist nur eines: »Jurassic Park«-Feeling erleben und einem Dinosaurier begegnen oder vielmehr einem *Varanus komodoensis*, von dem nur noch 3500 Exemplare in

Freiheit leben, davon 1700 auf Komodo. Der geradezu urzeitlich wirkende »Drache«, der hier *ora* genannt wird, zählt zu den ältesten Tierarten überhaupt und ist die größte und gefährlichste Raubechse der Welt. Die scheinbar trägen Tiere mit schlangenartigem Kopf, messerscharfen Zähnen und einer langen, gespaltenen Zunge, mit gefährlichen Klauen und einem muskulösen Schwanz, dessen Hiebe tödlich sein können, erreichen bis zu drei Meter Länge und 150 Kilogramm Gewicht, sind blitzschnell und erlegen kleine Eidechsen und Vögel, aber auch Wildschweine, Rehe und selbst Wasserbüffel. Ihr Speichel verhindert nicht nur die Blutgerinnung des Opfers, sondern ist zudem ein todbringender Cocktail aus verschiedenen Bakterien.

Die Riesenwarane verschlingen ihre Beute in großen Brocken und ohne zu kauen mitsamt der Knochen, Hörner und Hufe – so auch die Ziegen, die man früher als Köder an einem Pflock festband oder frisch geschlachtet auslegte, um den Touristen das gewünschte Fotomotiv zu bieten. Vor einigen Jahren wurde diese umstrittene Praxis verboten, denn die Tiere verlernten dadurch das Jagen. Einige verhungerten außerhalb der kurzen Touristensaison zwischen Juni und August, andere griffen Dorfbewohner an, die nicht so schnell rennen konnten, wie Rehe springen; 2007 etwa zerfleischte ein Waran einen neunjährigen Buben, der während eines Fußballspiels hinter die Bäume ging, um zu pinkeln. Heute darf man sich ausschließlich in Begleitung eines staatlichen Rangers auf die Suche nach den vor allem morgens aktiven Riesenechsen machen. Hat man Glück, schadet es keinesfalls, den gebührenden Abstand einzuhalten, und risikoscheuen Naturen empfiehlt sich ein Teleobjektiv, obschon es über vierzig Jahre her ist, dass von einem unvorsichtigen Schweizer Rentner lediglich die goldene Armbanduhr übrig blieb.

Hat man genug von diesen Märchendrachen, die freilich kein Feuer speien, findet man auf Komodo Strände in Prinzessinnenrosa, denen kleinste Splitter karminroter Korallen im weißen Sand die ungewöhnliche Farbe verleihen. Die sonnenbeschienenen Blätter der Palmen leuchten grün, das Meer strahlt türkis, in der Ferne hüpfen Delfine, und beim Schnorcheln begegnet man Tropenfischen in allen Farben. Muss man denn überhaupt sehen, wie schuppig-graue Echsen über eine tote Ziege herfallen? Ach ja, die Biester können übrigens auch schwimmen ...

Flores

Einige Riesenwarane leben auch an der Westküste des etwa 14 220 Quadratkilometer großen Flores, das wie Lombok, Sumbawa, Komodo, Sumba und das östlich gelegene Timor zu den Nusa Tenggara, den Kleinen Sundainseln, gehört und nicht zuletzt wegen seiner landschaftlichen Schönheit einen längeren Aufenthalt lohnt. Reisfelder wechseln ab mit Kokosnusspalmenhainen, Bambuswälder mit Alang-Alang-Gras-Steppen. Und die Fahrt zu den drei Kraterseen des Kelimutu, die, verursacht durch die Mineralienabgabe der Kraterböden, in unregelmäßigen Abständen ihre Farbe wechseln und mal grün, türkis und blutrot, mal gelb, braun und blauschwarz schimmern, ist immer wieder ein Erlebnis. Die stark zerklüftete vulkanische Gebirgskette, die die schmale Insel auf fast der gesamten Länge von 354 Kilometern durchzieht, verlockt sportliche Urlauber zu Trekkingtouren, und vor der Nordküste liegen gute Tauch- und Schnorchelgründe.

Das vom organisierten Massentourismus noch weitgehend unberührte Flores wurde im 16. Jahrhundert von dem heute als Heiligen verehrten portugiesischen Dominikaner Franz Xavier missioniert (der portugiesische Name bedeutet zu Deutsch »Blumen«) und bildet eine katholische Enklave im islamischen Indonesien. Doch auch hier wird das Leben nach wie vor vom Gewohnheitsrecht *adat* und von animistischen Ritualen bestimmt, noch immer opfert man Tiere auf dem *compang*, einem flachen Stein, wenn auch keine Kinder und Jungfrauen mehr, wie es Überlieferungen berichten.

Besuchen Sie unbedingt eines der traditionellen Dörfer, zum Beispiel das denkmalgeschützte Bena, wo man vorchristliche Symbole und Sitten beibehalten hat, oder die Gegend um Ruteng, wo das traditionelle Peitschenduell *caci* ausgetragen wird – Sie müssen ja nicht mitmachen, wenn Sie einen Körper ohne markante Narben behalten wollen. Einzigartig ist darüber hinaus auch die traditionelle floresianische Musik: mehrstimmige Gesänge, begleitet von Trommeln und Gongs, die unter anderem als Totenklage gesungen werden.

Sulawesi

Die Toten sind auch ein wesentlicher Grund für eine Reise nach Rantepao, in das 340 Kilometer nördlich der geschäftigen sulawesischen Hauptstadt Ujung Pandang, des früheren Makassar, gelegene touristische Zentrum des Toraja-Landes, Tanah Toraja. Genauer gesagt, besucht man die Gegend, weil die Toraja, die »Menschen der Berge«, an ein Leben nach dem Tod glauben und, um ihren Vorfahren dieses zu ermöglichen, bis heute beeindruckende Rituale pflegen – die rituelle Kopfjagd wird erfreulicherweise nicht mehr praktiziert.

Wer verstirbt, gilt zunächst nicht als tot, sondern als krank. Er wird einbalsamiert (oder heutzutage mit Formalin konserviert), am südlichen Ende seines Hauses aufgebahrt und von den Angehörigen »gepflegt«, also auch mit Essen und Trinken versorgt – unter Umständen nicht nur über Monate, sondern Jahre hinweg. So viel Zeit nämlich können die Vorbereitungen für die aufwendige *tomate*, die Bestattungszeremonie, in Anspruch nehmen, die nicht wenige Familien in den Ruin stürzt. Wasserbüffel und Schweine werden geopfert, damit die Seele des Verblichenen auf den Seelen dieser Tiere in den Himmel reiten kann. Ein Schwein genügt allenfalls für ein kleines Kind, für einen Erwachsenen einfacher Herkunft muss man einen, bei höherem Status bis zu 24 Büffel schlachten, und bei reichen Adligen sollen es früher bis zu zweihundert sowie einige Sklaven gewesen sein, die man tötete, damit sie ihrem Herrn im Jenseits dienen können.

Bevor der Sarg zu seiner letzten Ruhestätte getragen wird, bahrt man ihn in einem eigens errichteten Turm am Ende eines von Megalithen gekennzeichneten Festplatzes auf, des *rante*, an dessen Rändern man ein kleines Dorf aus Bambuspavillons für die Gäste erbaut hat, die gewöhnlich zu Hunderten erscheinen und tagelang verköstigt werden müssen. Der Palmwein fließt in Strömen, man amüsiert sich bei Büffel- und Hahnenkämpfen, es wird gesungen, getanzt – und natürlich geschlachtet. Dabei ist es wichtig, dass man die Kehle jedes Wasserbüffels mit einem einzigen Hieb durchtrennt und versucht, möglichst viel Blut mit einem Bambusrohr aufzufangen – es wird für die Zubereitung des Festmahls benötigt.

Ich war einmal in meinem Leben bei einer solchen *tomate* zugegen, in einem abgeschiedenen Dorf fernab befahrbarer Straßen, das man nur erreichen konnte, wenn man etliche Kilometer über schlammige Pfade stapfte und die letzte, schätzungsweise zehn Meter tiefe Schlucht auf einem Baumstamm balancierend überquerte. Ich bin dankbar, dass mir dieses Erlebnis noch nach zwanzig Jahren unvergesslich ist, denn so beeindruckend es war, wiederholen möchte ich es um nichts in der Welt. Knietief bin ich durch Schlamm, Blut und Kot gewatet, bis ich aussah wie der Protagonist eines Splattermovies. Der Gestank war infernalisch und das Quieken und Brüllen Dutzender rituell geschlachteter Vierbeiner markerschütternd – ich selbst hatte als Gastgeschenk wohlweislich kein niedliches Ferkel, sondern ein paar Stangen *kretek*, Nelkenzigaretten, mitgebracht. Und obwohl ich alles andere als vegan lebe und gemeinhin als höflicher Mensch gelte, musste ich die Gastgeber vor den Kopf stoßen und das angebotene Büffelfleisch zurückweisen – ich hätte es nicht lange bei mir behalten.

Beigesetzt werden die Toten in *liang*, Höhlen tief im Fels, die mit Holztüren verschlossen werden; daneben hat man in die steilen Kalksteinwände Nischen gehauen. Wie in einer Theaterloge stehen darin hinter einer Brüstung große Holzpuppen, *tau tau* genannt, mehr oder weniger ähnliche Abbilder der Verstorbenen – teils in perfekter, teils längst zerschlissener Kleidung –, die mit ihren ausgestreckten Armen den Hinterbliebenen ständig neue Opfergaben abfordern. Ein besonders eindrückliches Beispiel findet man in Lemo, zehn Kilometer außerhalb von Rantepao; im Sonnenlicht können Sie die Figuren allerdings nur am frühen Morgen sehen. In Londa befinden sich die *tau tau* in einer großen Bestattungshöhle, unweit davon steht ein Baum, in dessen ausgehöhltem Stamm Kleinkinder, die noch nicht gezahnt hatten, bestattet wurden. In anderen Dörfern, wie zum Beispiel Kete Kesu, hängen verrottende Holzsärge, *erong*, von hohen Felsen, am Boden liegen Schädel und Knochen, die bereits herabgefallen sind.

Eine weitere Bestattungsform sind Hausgräber, wie man sie in Pangli sehen kann: Die in Tücher gehüllten Leichen werden ohne Sarg in die Erde gelegt und von einem steinernen Miniaturhaus in Form eines *tongkonan* bedeckt. Diese traditionellen Wohnhäuser sind absolut sehenswert: Ohne einen einzigen Metallnagel aus Holz, Bambus und Rattan erbaut, stehen sie auf Pfählen und weisen massive, geschwungene Dächer auf, die mit gespaltenen Bambusröhren gedeckt sind und an zwei Enden nach oben zeigen – manche sagen, die Häuser gleichen dem Kopf eines Büffels mit seinen zwei Hörnern, andere erinnert die Bauform an ein Schiff. Der Mittelpfosten der immer nach Norden hin ausgerichteten Vorderfront ist mit einem hölzernen Büffelkopf und echten Büffelhörnern geschmückt, die Fassade verziert mit geometrischen Mustern in Weiß (wie das Skelett und das Fleisch des Menschen) und Rot (wie das Blut), die das Leben symbolisieren, sowie in Schwarz, der Farbe des Todes, und in Gelb, das für die Sonne, den Mond und den göttlichen Glanz steht.

Java

Der Flughafen von Jakarta ist das wichtigste Tor nach Indonesien, die in einem Ballungsraum mit 30 Millionen Einwohnern gelegene 12-Millionen-Metropole selbst allerdings ein smogverhangener, urbaner Moloch ohne Charakter, aber mit einer beinahe 24-stündigen Rushhour – vom alten Batavia ist selbst in Kota, dem kolonialen Herzen Jakartas, kaum noch etwas zu erahnen. Zwar gibt es einige sehenswerte Museen, doch wenn Sie nur wenige Tage auf Java verbringen wollen (wobei sich ein mehrwöchiger Aufenthalt selbstverständlich lohnen würde), sollten Sie am besten gleich den

Anschlussflug nach Yogyakarta in Zentral-Java nehmen und sich dort gemütlich mit einem *becak*, einer Fahrradrikscha, durch die faszinierende Universitätsstadt fahren lassen. Deren historisches Zentrum bildet der Ngayogyakarta Hadiningrat Kraton, der ab 1755 erbaute Sultanspalast. Besonders sehenswert in dieser verschachtelten Stadt in der Stadt, in deren Mauern einst 15 000 Menschen lebten, ist der »Goldene Pavillon« Bangsal Kencono mit Säulen aus vergoldetem Teakholz, der als Krönungs- und Empfangshalle diente. Im riesigen Palastkomplex finden regelmäßig Gamelan-Konzerte und Vorführungen höfischer Tänze statt, ein Teil wird als Museum genutzt. Unweit des *kraton*, in unmittelbarer Nähe der königlichen Lustgärten Taman Sari, befindet sich der Pasar Ngasem, der Vogelmarkt – die Tiere gelten als unerlässliche Glücksbringer, und vor jedem Wohnhaus hängt mindestens ein Käfig.

42 Kilometer nordwestlich von Yogyakarta, von den meisten kurz Yogya genannt, ragt das größte buddhistische Monument der Welt empor, für dessen Besichtigung man sich am besten einen ganzen Tag Zeit nimmt. Um das Jahr 800 erbaut, also lange vor den großen Kathedralen Westeuropas, ist das einzigartige Borobudur allenfalls zu vergleichen mit dem dreihundert Jahre jüngeren Angkor Wat in Kambodscha.

Jahrhundertelang unter vulkanischer Asche verschüttet und vergessen, wurde die monumentale, über einem kleinen Hügel errichtete Stufenpyramide 1814 wiederentdeckt und im Jahr darauf auf Veranlassung von Stamford Raffles, des Gouverneurs von Java, zum Vorschein gebracht. Kurz nachdem man 1973 bis 1983 mit finanzieller Hilfe der UNESCO aufwendige Restaurierungsarbeiten durchgeführt und dafür fast anderthalb Millionen Steine abtransportiert, katalogisiert, chemisch gereinigt und wieder zusammengesetzt hatte, verübten Islamisten einen Sprengstoffanschlag auf die einzigartige Anlage. Doch konnten die schweren Beschädigungen wieder behoben werden und so zeigt sich Borobudur dem Besucher heute in nahezu perfektem Zustand.

Aus der Luft betrachtet, sieht die Anlage wie ein überdimensionales Mandala aus: Auf einer Fläche von 123 mal 123 Metern stehen übereinander sechs quadratische, immer kleiner werdende und durch vier Treppen verbundene Terrassen. Ihre Wände sind mit Flachreliefs geschmückt, die auf der unteren Ebene die Sphäre der Wünsche, Begierden und Leiden darstellen und darüber Szenen aus dem Leben Buddhas von seiner Geburt über seine Erleuchtung bis zum Eintritt ins Nirwana zeigen. 432 steinerne Buddhas, jeder mit einer typischen *mudra*, blicken aus offenen Nischen auf die Galeriegänge herab. Steigt man noch weiter hinauf, gelangt man zu drei übereinanderliegenden Rundterrassen mit 32, 24 und 16 Stupas in Gestalt von rautenförmig durchbrochenen Steinglocken, in denen jeweils eine Buddhafigur sitzt – es soll Glück bringen, ihre Hände oder Füße zu berühren. Gekrönt wird das Ganze von einer zentralen Hauptstupa, die geschlossen und leer ist: Sie symbolisiert das Nirwana. Folgt man (am besten am östlichen Tor beginnend und im Uhrzeigersinn) dem Pilgerweg vorbei an allen 1500 Reliefplatten, legt man mehrere Kilometer zurück.

Weiter in Richtung Nordwesten erreicht man nach etwa zwei Stunden Fahrt eine in 2100 Meter Höhe gelegene vulkanische Hochebene, das Dieng-Plateau. Vermutlich seit Beginn des 8. Jahrhunderts stehen dort acht der ältesten hinduistischen Tempel Javas, verstreut in einer von Nebelschwaden durchzogenen Vulkancaldera mit stillen Bergseen, Schwefelquellen und blubbernden Schlammtümpeln, die durch ihre geheimnisvolle Schönheit überwältigt.

Nicht ganz so alt, aber wesentlich bedeutender sind die Sakralbauten von Prambanan, die seit 1991 zum UNESCO-Weltkulturerbe zählen: Nur 17 Kilometer nordöstlich von Yogyakarta liegt die größte hinduistische Tempelanlage der Insel, errichtet in der Mitte des 9. Jahrhunderts. Zwar hat ein verheerendes Erdbeben 1549 den größten Teil der 232 Bauten zerstört, doch konnten die Haupttempel und einige Nebentempel wieder rekonstruiert werden. Im zentralen quadratischen Hof der Anlage, der einst von einer Mauer mit 110 Meter Seitenlänge umgeben war, steht der mit 47 Metern höchste, Shiva geweihte *candi*, im Volksmund *lara jonggrang* genannt, die »schlanke Jungfrau«, flankiert von Tempeln für Brahma und Vishnu. Ihnen gegenüber liegen drei *candi*, die den Reittieren der Götter geweiht sind: Nandi, dem Stier Shivas, Hamsa, dem Schwan Brahmas, und Vishnus Sonnenvogel Garuda. Innerhalb des mittleren Bereiches, abgegrenzt durch einen Wall von 222 Meter Seitenlänge, standen einst 224 identische, jeweils 14 Meter hohe Schreine, im äußeren Bereich befanden sich die Unterkünfte der Mönche und Tempeldiener.

Fährt man weiter, gelangt man zur alten Königsstadt Solo, auch Surakarta genannt. Dort kann man gleich zwei *kraton* besichtigen: den Kraton Hadiningrat und den kleineren Puro Mangkunegaran. Beide stammen aus dem 18. Jahrhundert und beherbergen unter anderem Museen, die neben Masken und Kostümen auch ausgefallenere Objekte wie silberne Keuschheitsgürtel präsentieren. In Sangiran, 15 Kilometer nördlich von Solo, hat man 1891 die Schädel- und Beinknochen des prähistorischen »Java-Menschen« *Pithecanthropus erectus* entdeckt.

Unbedingt sehenswert ist der 36 Kilometer östlich von Solo, in über 900 Meter Höhe an der Westflanke des Gunung Lawu gelegene Candi Sukuh. Die Architektur und die Bildhauerarbeiten des Tempels erinnern so verblüffend an jene der Maya, dass jeder glauben wird, Sie seien in Mittelamerika gewesen, wenn Sie ein Selfie posten, das Sie vor dem mysteriösen Tempel gemacht haben. Geschmückt ist er mit erotischen Steinreliefs, und in die Bodenplatte des Portaltors ist ein großer *lingam* eingelassen – schreitet eine Frau darüber und ihr Sarong zerreißt, zeigt das, dass sie noch Jungfrau ist. Gegebenenfalls sollten Sie bei einer Besichtigung also Ersatzkleidung mit sich führen.

Ein ganz besonderes Erlebnis bietet schließlich die geradezu extraterrestrisch wirkende Sandmeerlandschaft um den 2329 hohen Gunung Bromo. Eigentlich handelt es sich um einen Krater im Krater, nämlich einen von vier Vulkanen, die auf der riesigen Caldera des Tengger entstanden sind. Die Tenggeresen, die gut drei Dutzend Dörfer rund um den Bromo bewohnen und an seinen fruchtbaren Hängen Kartoffeln und Lauch anbauen, sind nicht zum Islam konvertiert, sondern praktizieren eine ganz spezielle Mischung aus Hinduismus und Buddhismus; einmal im Jahr opfern sie am Vulkan in einer eindrücklichen Fackelprozession Hühnerfleisch, Gemüse und Blumen.

Es gibt verschiedene Möglichkeiten, zum Kraterrand des Bromo vorzudringen, etwa mit dem Jeep oder hoch zu Ross, die letzten 356 Betonstufen muss man aber auf alle Fälle zu Fuß erklimmen. Man spürt dabei die Höhe, vor allem, wenn der Kreislauf im Morgengrauen noch nicht in die Gänge gekommen ist, und die Schwefeldämpfe können auf den Magen schlagen – meine grünblasse Reisebegleitung brauchte nach dem Abstieg, völlig gegen ihre Gewohnheit, erst einmal einen Whiskey, bevor sie etwas frühstücken konnte. Da der Gunung Bromo zu den aktivsten Vulkanen Indonesiens zählt und immer mal wieder Asche spuckt (beim letzten Ausbruch am 28. Januar 2011 über fünf Kilometer hoch in die Luft), ist der Blick in das dampfende Innere nicht immer erlaubt; seismische Geräte überwachen die Aktivität permanent. Ich finde das Panorama über das gesamte Sandmeer ohnehin imposanter, besonders in der Früh, wenn das Licht der aufgehenden Sonne die Vulkankegel plastisch hervortreten lässt – Sie sollten aber einen Pullover mitnehmen, denn es ist dort oben recht frisch.

An der Nordküste liegt Surabaya, mit drei Millionen Einwohnern die zweitgrößte Stadt Indonesiens und der Legende nach an einem Fluss entstanden, in dem ein Hai (*sura*) und ein Krokodil (*buaya*) miteinander kämpften – heute zieren die animalischen Kontrahenten das Stadtwappen. Einem anderen Kampf verdankt Surabaya seinen Übernamen »Kota Pahlawan«, »Heldenstadt«: 1945 ließen bei Straßenschlachten gegen britische Truppen 15 000 national gesinnte Einwohner ihr Leben. Populär wurde der Name Surabaya in der westlichen Welt aber vor allem durch Bertolt Brechts Ballade von »Surabaya-Johnny«, dem untreuen Schuft, die Diseusen von Lotte Lenya über Marianne Faithfull und Bette Midler bis Nina Hagen im Repertoire hatten, aber auch die Band Element of Crime. Vom Charme der alten Hafenstadt mit ihrem einzigartigen Völkergemisch aus Malaien, Chinesen und Arabern ist heute zumindest noch ein Rest zu spüren. In der aus dem 15. Jahrhundert stammenden Masjid Agung, der größten Moschee Surabayas, befindet sich das Grabmal des Sunan Ampel, eines der neun Heiligen, die Java missionierten – in Surabaya steht aber auch die einzige Synagoge Indonesiens. Man kann ein von den Nachkommen chinesischer Händler bewohntes Quartier durchstreifen oder durch die engen Gassen des orientalisch wirkenden Souk flanieren und Gewürze, Parfum und Schmuck kaufen. Und im Hafen dümpeln noch immer einige bunte Holzschoner.

Etwa fünf Stunden braucht man mit dem Bus von Surabaya nach Ketapang am Ostzipfel Javas, das eine regelmäßig
verkehrende Fähre mit Gilimanuk verbindet. Nur eine halbe
Stunde dauert die Überfahrt, dann heißt es: Willkommen
auf Bali!

Bereits erschienen:
Gebrauchsanweisung für ...

01/0001/16/L

01/0002/16/R

01/0003/16/L

Südostasien jenseits aller Postkartenklischees.

Benjamin Prüfer

Gebrauchsanweisung für Vietnam, Laos und Kambodscha

Piper Taschenbuch, 240 Seiten
€ 14,99 [D], € 15,50 [A]*
ISBN 978-3-492-27602-3

Zarte Frauen mit Kegelhüten und buddhistische Mönche in safranfarbenen Roben; am Straßenrand weiße Rinder und duftende Garküchen. Bizarre Felsformationen und imposante Pagoden, strohgedeckte Stelzenhütten, Villen aus der Kolonialzeit und die berühmtesten Tempelanlagen der Welt: Benjamin Prüfer erzählt von seiner neuen Heimat. Einer Region im Aufschwung, in der man Autos im Wohnzimmer parkt und Hausaltäre ebenso wichtig sind wie Klimaanlagen. Und in der das nächste Leben das Leben bestimmt.

PIPER